「変われない自分」を

一瞬で変える本

いちばんカンタンな
潜在意識のあやつり方

井上裕之
Hiroyuki Inoue

きずな出版

プロローグ

「強く願っても、いつまでも変われない」……そんな思いを持つ、すべての人たちへ

世に「引き寄せの法則」と呼ばれるものがあります。

自分の願いごとを強くイメージすれば、必ずそれは実現する……。

およそ「自己啓発書」というものが一般的になった時代から現在まで、世界中の著名な人物によって、その理論は説かれてきました。

強く願うことで願いが実現することは、ある意味で事実です。

ですから、確かに「引き寄せの法則」は、ウソを言っているわけではない。

ただ、私はあえて本書で「引き寄せ」の考え方では、あなたが幸せになることはない、という立場を取ってみたいと思います。

どうして、そんな世の中の風潮《ふうちょう》に逆らい、また「自分がいままで著書で書いてきたことを否定している」とも、とられかねないことをするのか？

それは多くの読者が間違って理論を解釈し、幸せになれない悪循環を繰り返しているからです。著者として、私には読者を幸福にする責任がある……。

だから意を決して、本書を書きました。

人間が、願ったことを実現させる力を持っている……という説は、古代のころから連綿《れんめん》として語られてきたことです。

20世紀になってからは、私も大きな影響を受けているジョセフ・マーフィーやナポレオン・ヒルといった大家が、願いを実現させるための方法論を確立。その理論を学ぶことによって、世界中に多くの成功者が生まれました。

21世紀になると、『ザ・シークレット』が世界的にヒットしたこともあり、願いを実現させる方法論は「引き寄せの法則」に受け継がれることになります。

しかし、ずっと研究されてきた「願いをかなえる理論」が、「引き寄せの法則」に切り替わった途端、ぽっかりと抜け落ちてしまったものがあったのです。

それが「潜在意識」の使い方です。

私たちが何かを考えているとき、表層の意識の下で、膨大な量の潜在意識が働いています。この圧倒的なパワーをもった潜在意識を上手に活かすから、私たちは願いをかなえることができるのです。

これは人間として生まれた以上、誰もが平等に持っている能力にほかなりません。

ところが「引き寄せ」という言葉が一人歩きしてしまったばかりに、「願っていれば、自動的に望んだものがやってくる」というようなイメージが定着してしまったのです。

それでは潜在意識が何ら作用を起こしませんから、願ったことが実現するわけもありません。

さらに悪いのは、「願っても望みがかなわないのは、願い方が足りないからだ」という風潮がまかり通っていることです。

それではいつまでも、まだ足りない、まだ足りない、の繰り返しで、だんだんと心が落ち込み、人生がどんどん悪い方向に行ってしまいます。

ある意味でそんな人々は、引き寄せブームが生んだ、可哀想な犠牲者かもしれません。

仮にあなたが犠牲者の1人であるとしても、何も悪くない。落ち込む必要もまったくないのです。人間は誰でも、潜在意識に願いをかなえる力を内蔵しています。ただ、願いがかなわない人は、その力を活用する術《すべ》を知らないだけです。

ずっと自己啓発の研究をしてきた私は、これまで「引き寄せ」というテーマで本を書かせていただいたことも多々あります。

その中で潜在意識のことにふれてはいるのですが、やはり「願いが引き寄せられる」という思い込みがあるため、正しい実践ができていない人が大勢います。

潜在意識の中にあって、私たちに願いを実現させてくれる源《みなもと》を、私は**「知識の貯蔵庫」**と考えています。

これは言ってみれば、私たちの脳の中に備わった**「願いを自動的に実現させ、自分を劇的に変えるソフトウェア」**のようなもので、ここに正しい情報を入力し、正しく機能するように設定すれば、誰でも願ったことがその通りに実現します。

しかし、ここに情報を何も入力しないどころか、インストールもまだしていないような状態で、いくら願いを「引き寄せたい」と思っていても、何かが起こることなどありません。

この「願いを自動的に実現させ、自分を劇的に変えるソフトウェア」は、優秀ではあるものの、一方で気まぐれですから、たえず正しく作用しているかをチェックする必要があります。

でも、その方法は決して難しくないし、メンテナンスさえ怠《おこた》らなければ、誰でも願っている人生を間違いなく歩むことができるのです。

本書はいわば〝願いを自動的に実現させ、自分を劇的に変えるソフトウェア〟である

「知識の貯蔵庫」の使い方マニュアルになります。

決して本書は、「引き寄せ」を語るものではない。あなたが変わり、望むものを手に入れるために、やらなければいけないこと、やってはいけないことを網羅する本です。

けれども結果的には、「いままで何をやっても変わることができず、願いがかなわなかった」という人でも、正しい夢の実現へ向けて動き出すことができるはず。

だからあきらめる前に、本書をお読みいただくことを切に願っています。

潜在意識をあやつることができれば、あなたは一瞬で変われます。

間違いなく、本書はあなたの未来を変えるきっかけになるでしょう。

Contents

Chapter 2

すべては潜在意識の状態を知ることからはじまる

Chapter 3

潜在意識を劇的に変える方法

Chapter 4

自分を変えるために「やってはいけない」こと

Chapter 5

潜在意識を活性化させる「言葉」の使い方

Chapter 6

潜在意識を使いこなして、理想の自分になるには？

エピローグ

Chapter 1

「引き寄せ」では、あなたは変われない

「引き寄せの法則」に頼ってはいけない

私たちの潜在意識には、「知識の貯蔵庫」という機能が備わっています。

この「知識の貯蔵庫」は、あなたが願ったことを何でもかなえる能力を持っている……と言ったら、あなたは信じるでしょうか？

じつは、すでにあなたは「知識の貯蔵庫」を活用しています。

たとえばあなたは、どうしていま本書を手に取って、読んでくださっているのでしょうか？

あなたがいる場所は自分の部屋かもしれないし、電車の中かもしれないし、あるいはまだ書店で立ち読みをしている最中かもしれません。いずれにしろ、あなたが本書を手に取るまでのプロセスで、潜在意識は活発に働いていました。

そんな、まさか……と思うでしょうか？

皆さんの中には、「たまたま目についた本を手に取っただけ」という方もいれば、「井上裕之」という私の名前を知ってくださっていた方もいるでしょう。

あるいは誰かから、「この本を読んでみたら？」と勧められて、本書を読んでくださっている方もいるかもしれません。

一見、潜在意識が何かをしたようには見えない。

でも、そもそもどうしてあなたは、たくさんある本の中から、たまたま「潜在意識」とか、あるいは「自分を変える」というテーマの本を手に取ったのか？

また、どうして「井上裕之」という著者の名前が書店で目に入ったのか？

誰かがあなたに、どうしてこの本を紹介しようと思ったのか？

これは、まったく偶然ではないのです。

あなたの潜在意識には、「自分を変えたい」とか「潜在意識のことに興味がある」という情報が、ちゃんと入力されていました。

あるいは過去に私の本を読んでくださったり、名前を聞いたりして、「この人の新しい本があれば読んでみたいな」という願望が潜在意識に組み込まれていた、ということです。

人から本書を勧められた方も同じ。

そもそもあなたが、「自分を変えたい」とはまったく考えず、「自己啓発のことにも興味がない」ということであれば、意味もなく本書のような本を勧めたいとは、誰も思いません。

あなたは、誰にも自分の興味を伝えていないかもしれない。

でも、あなたの潜在意識には「自分を変えたい」とか、「願いをかなえたい」という目的がインプットされ、それは無意識の行動を通し、本を紹介したい誰かに、ちゃんと伝わっていた……ということなのです。

紹介した人も、やはり潜在意識を通じて、無意識にあなたの思いを受け取ったのかもしれません。

こんなふうに潜在意識は、ちゃんとあなたが望んでいる未来を手に入れられるように、無意識の行動をうながしているのです。

あなたに本書を手に取らせた作用こそ、潜在意識の「知識の貯蔵庫」がうながしているものです。

今回は〝たかが1冊の本〟かもしれません。

しかし場合によっては、その選択が人生を左右することだってありえます。

「知識の貯蔵庫」は、私たちが入手する情報を決め、チャンスをつかめるかどうかにかかわっているのです。

もし、この能力を使いこなせるなら、願ったあらゆることが現実になる。それならどんなふうにでも変われるし、どんなものにでもなれるとは思いませんか？

なぜ「引き寄せの法則」で、あなたの願いが実現しないのか？

「願ったことは必ず実現する」というのは、私がここでことさら言わなくても、読者の方は多かれ少なかれ、どこかで聞いたことがある話でしょう。

とくに最近になってから、「引き寄せ」ということを多くの著者や講演家が、ごく普通に語るようになってきました。

20世紀に願いをかなえる理論を説き、世界的に有名になったジョセフ・マーフィーは、その先駆けとも言える人物です。

マーフィー博士は心理学にも精通していましたから、潜在意識の能力についても、きちんと述べています。ただ一方で、彼はキリスト教の牧師でもありましたから、スピリチュアルなエネルギー論も強調しました。

その主張は、人は誰でも奇跡を起こし、願いをかなえる力を神様から与えられているということ。こうした奇跡的な力を利用するのが、現代の「引き寄せ理論」の核心になっているわけです。

人間が、願ったものを引き寄せるエネルギーを持っているのか？　と問われれば、私は「持っている」と思っています。

それは人間そのものが、突き詰めていけば、やはりエネルギーの集合体だから。

これは量子物理学の問題で、人間の体を1つひとつの細胞から、それを構成する分子、分子をつくっている原子……とこまかくしていけば、行きつくところはそれ以上細分化できない素粒子と、共鳴し合って波動を生んでいるエネルギーになるからです。

だから人はエネルギーを発散しているし、何らかの力を持っていることは確かでしょう。

ただ、そのエネルギーがどう作用するかは、まだ解明されていない分野です。

よって、その使い方は未知の世界ですし、願いを引きつける力があるとして、どのように作用するかはよくわかりません。そんなエネルギーに頼っていても、はたしてきちんと言うことを聞いてくれるかは、わからないのが現実なのです。

一般的に「引き寄せの法則」と呼ばれるノウハウは、ほとんどがこの未確定なエネルギーに依存して、自分の願いを実現させることを提唱します。

願っているだけで、あとは発散されるエネルギーに任せればいい。とても簡単なことです。

でも、述べたようにエネルギーの作用は未確定です。だからかなう人がいるけれど、一方で大勢のかなわない人が出てきます。これは当然のことでしょう。

ただ黙っていても、多くの人には何も起こらない。

もし、あなたもそうであるなら、何とかして自分を変えたくはなりませんか？

エネルギーだけに任せることをしなければ、人は簡単に自分を変えられるのです。

それは潜在意識の「知識の貯蔵庫」に、ちゃんと自分を変えていく機能が備わっているからにほかなりません。

「知識の貯蔵庫」は、あなたを変える

「知識の貯蔵庫」を上手に活用していけば、私たちは自分自身を、自分が望む姿へと徐々に変えていくことができます。それはほかでもない、私自身がいいサンプルでしょう。

私はそもそも本職が歯科医ですし、北海道の帯広で開業している人間です。それがどうして現在、本を書いたり、大勢の人の前で講演ができているのか？

これも潜在意識にある、「知識の貯蔵庫」のおかげなのです。

それこそ私は大量の自己啓発書を読み、西洋から東洋までの古典を含め、成功哲学に関する膨大な量の勉強をしてきました。講演家や経営者などのセミナーに参加したり、動画やオーディオで話を聞いた人の数も尋常ではありません。多額の投資をして、世界中の研修にも参加してきました。

「それを人に伝えたい！」

そう思うようになった瞬間、潜在意識の「知識の貯蔵庫」は、その願望をかなえようと動き出したのです。

本を書けるような行動を、人前で講演ができるような行動を、そのための情報収集に、学習に、人脈づくりに……と、いつのまにか私はやるべきことを自然に選択していました。

そして気づいてみたら、本業以外に多数の本を書き、多数の講演をこなす人間に〝いつのまにか、なっていた〟というのが実際のところなのです。

でも、それはたまたま私がそうなっただけ。現実には私のように「本を書きたい」「講演をしたい」と思いながら、それを実現できない人が多いのではないか？

そう、だから重要なのは「知識の貯蔵庫だ」と述べているのです。

あるとき、著名な先生の講演を多数プロデュースしている方に、あらためて言われたことがあります。

「井上先生の質疑応答より卓越している人を、私は見たことがないですよ」

世の中には、話が卓越した大先生が大勢いらっしゃいます。パフォーマンス力のみで比べたら、私などは足下にも及ばないでしょう。

ただ、質問への受け答えだけなら、私はまったく負けていない。光栄に思うとともに、一体どうしてだろうと考えたのです。

それは簡単な話で、私が人生を通じて、大量の学習をしてきたからでしょう。

とくに自分が思いを実現しようと情報を集め、また経験を通してトライ&エラーで学んできましたから、同じように悩んでいる方から質問されると、不思議と頭の中から答えがわき上がってきます。

「知識の貯蔵庫」というものに気づいたのは、このときでした。

つまり、目的をきちんと設定して学んでおけば、潜在意識は必要なときに必要なものを取り出してくれるのです。

学べば学ぶほど、経験を積めば積むほど、物事を考えれば考えるほど、この「知識の貯蔵庫」の力は強くなります。

二刀流・大谷翔平選手の「知識の貯蔵庫」

野球の大谷翔平選手のことを、いまの日本で知らない方はいないでしょう。

本書の執筆時には、米国メジャーリーグデビューいきなりで、バッターとしてもピッチャーとしても大活躍。伝説のスター選手ベーブ・ルースの再来だということで、全米にも大きな衝撃を与えています。

もちろんスポーツ選手ですから、いいときもあれば悪いときもあるでしょう。ただ、彼が野球選手として「バッターとピッチャーを両立させることができる」と証明したことは、一般常識を覆した偉業だと思うのです。

そこで、大谷選手の「知識の貯蔵庫」について考えてみましょう。

普通の野球選手でしたら、バッターはバッター、ピッチャーはピッチャーで、役割分担をするのが当然と考えます。だからバッターを目指す人は、監督やコーチに教わるままに打ち方を覚え、ピッチャーを目指す人も、ピッチングコーチにトレーニングを受けます。

子どものころは、投げるのも打つのも得意だったかもしれません。

でも、野球選手の常識に従って練習をし、野球選手の常識に従って監督の指示を受けていきますから、成長するにつれて、どちらかしかできなくなるわけです。

ところが、大谷選手の場合はどうだったでしょう？

彼は最初から、「ピッチャーとバッターの両方をやる」と目標を設定していました。

だからピッチャーの練習をするときは、バッターとしても役立つように練習をする。バッターの練習をするときは、ピッチャーだったらどうかを考えながら練習をする。

打者としての経験は、自分が投げるときに活かされます。逆にピッチャーとして登板したときは、打者の立場でも考え、バッティングの技術にフィードバックする。

潜在意識の力によって、投げれば投げるほどそれが打つ力になり、打てば打つほど投げる力にもなっていったのです。

潜在意識にある「知識の貯蔵庫」は、監督やコーチやチームとの人間関係にも活かされていたでしょう。

「バッターとピッチャーを両立する」と決めているから、押しつけられる練習でなく、「自分はこういうふうに練習したい」ということをハッキリ表明する。

メジャーリーグとの交渉も、自分の目標にしっかりと則《のっと》っておこなわれていました。目標を達成するためのスケジュール管理を独自におこない、それに相応しい肉体のメンテナンスをする。あらゆる情報や知識が「バッターとピッチャーを両立する」という道に向けて活用されます。

大谷選手はよく、野球選手として不可能を可能にしたように言われます。でも、彼にとっては、まったくそうでなかったでしょう。

ただ当たり前のように、「知識の貯蔵庫」に従って、目標が達成された。

それだけのことなのです。

これが「知識の貯蔵庫」の力だと、私は思っています。

たとえば「100億円を稼ぐ」といえば、多くの人は「ムリだ」と思うでしょう。

でも、世の中には100億円を稼ぐ人もちゃんといます。

これも大谷選手の例と同じで、いくら「お金持ちになる」とか、「収入を上げよう」と考えて勉強をしても、100億円に到達することはありません。

ただ「100億円」ということが潜在意識に設定され、当たり前のようにそれが可能になる勉強をし、相応しい人脈をつくり、そうなるべくキャリアを無意識のうちに歩んでいくから、自然と収入が100億円に到達するわけです。

運の力などでは、まったくありません。

「知識の貯蔵庫」に任せ、その力を信じ切れば、人間にはあらゆることが可能なのです。

相対性理論に並ぶ「20世紀最大の発見」

このあたりで、「潜在意識」と呼ばれるものについて、一般的に言われていることを整理しておきましょう。

よく「20世紀最大の発見」と言われるのが、アインシュタインの相対性理論と、ジークムント・フロイトによる潜在意識の発見です。

多くの方は、フロイトについて名前を聞いたことがあるでしょう。フライブルクで生まれたユダヤ人の精神科医。「精神分析」という学問を切り開いた人物です。

その理論全般については、現代で否定されているものもあります。

しかし「私たちの意思決定や思考には、潜在意識が大きな影響を及ぼしている」という考えの発見は、彼の偉業として現代も引き継がれているのです。

このフロイト博士の弟子であり、さらに潜在意識について深く解明したのが、心理学者のカール・グスタフ・ユングです。

ユングの次のような言葉は、非常に有名です。

「顕在《けんざい》意識は海の上に顔を出している、ほんの一部分に過ぎない」

顕在意識とは、まさにいま私たちが「意識」とみなしている部分。

たとえばあなたが、

「いま自分は何を意識しているだろう？　あっ、本を読んで、井上さんの言っていることは、こういうことだと思ったんだな」

と考えたのであれば、それが顕在意識にあたるわけです。

一方で潜在意識は、ふつうに意識されることはありません。

「本書の冒頭のほうに何が書いてありました？」と言われても、「何だったかな？」と、すぐには出てこないでしょう。

あるいは本書に集中しているいま、あなたは昨日に食べた食事のことや、学生時代の友達のことを思い返すことはなかったはずです。

でも、私がそういうと、すぐ「昨日、何を食べたっけ?」とか、何年も会っていない学生時代の友人の顔が記憶からよみがえってきたでしょう。

ようするに「顕在意識」の背後には、つねに膨大な量の「潜在意識」が、いつでも必要な情報を引き出せるように活動しているのです。

潜在意識の割合にはいろいろな説がありますが、おおむね現在は、顕在意識が4%、潜在意識が96%と言われています。

一方で「知識の貯蔵庫」というのは、私の造語です。

「潜在意識」の中にあって、つねに「顕在意識」を助けている、記憶の集合体と考えていただけばいいでしょう。

一般的に人間の記憶は、「短期記憶」と「長期記憶」に分かれますが、短期記憶が持続されるのは、数十秒から、もって数十分と言われます。しかも数字で7桁くらいまでという、容量も極めて少ないものでしかありません。

けれども私たちは昨日のことを覚えているし、10年前のことだって、思い出そうと思えば、思い出せます。

つまり短期で記憶した情報は消されるのでなく、長期記憶となって、潜在意識にずっと保存されているわけです。

潜在意識の「知識の貯蔵庫」は、この長期記憶の中から、あなたの目標にとって重要なものを瞬時に取り出してくれる優秀なナビゲーターのようなものになります。

ですから逆にいえば、どれだけ長期記憶を持っているかが重要です。

それは、量だけの問題ではありません。

どれだけ質の高い記憶を持っているか。

そして、どれだけ記憶情報の整理を、ふだんからやっているかの問題になります。

なぜ、ベテランのカンは冴えわたるのか？

「知識の貯蔵庫」の力は、ベテランの鋭い〝カン〟を考えてもらえばわかりやすいでしょう。

あなたもひょっとしたらそうかもしれませんが、どんな分野でも、熟練したベテランになれば、データ分析のようなことをしなくたって、カンだけで優れた判断ができます。

経営者であれば「これだ！」と思ったプロジェクトを推し進めて大成功させたり、営業の社員であれば「これは売れるぞ」と巧みな商品展開をして、よその部署よりも何倍も売り上げたり。

私たち歯科医の世界でも、やはりベテランの医師であれば、患者さんの歯をちょっと診ただけで、「ああ、こういう症状だな」と瞬時に診断ができるわけです。もちろんレントゲンで確認はしますが、予想が外れていることはほとんどないでしょう。

だからといって、別に彼らは特別な勉強をしたわけではありません。

ただ、人一倍仕事への意識が高いうえ、長い経験から得てきた大量の知識が「知識の貯蔵庫」に入っているのです。

だから、「いざ」というときに、**潜在意識は「知識の貯蔵庫」から記憶を引き出し、顕在意識のほうに「チャンスだぞ」とか「こうすべきだぞ」というサインを送る。これを私たちは、「カン」とか「直感」と呼んでいるわけです。**

同じように長い仕事上のキャリアを積んできても、直感が発揮されず、まるでマニュアル通りのような仕事しかできない人もいます。

どうしてそうなるかといえば、最初から「自分はこういうふうに仕事をしたい」という目的が明確でないからです。したがって同じ経験をしていても、潜在意識がその経験を当人にとって必要なデータとして保存していません。

つまり潜在意識の中に、「知識の貯蔵庫」が出来上がっていないということです。

これではカンが冴えるわけもありません。

こうした人をバカにする向きもありますが、「願いがかなう」といって、引き寄せの法則に頼っている人はどうなのでしょう？

ひょっとしたら、目標は何かあるのかもしれない。

でも、それをどう実現するかの道筋を考えず、具体的に行動を起こして経験を積んだり、勉強など必要な努力をしようとしていない。

ただ、願いが引き寄せられることを信じて、奇跡が起こるのを待っている……。

残念ながら、それでは何も起こりません。

私たちにとって必要なのは、何より外部にあるエネルギーに頼ることでなく、「内なる力」を発揮することなのです。

学べば学んだだけ「知識の貯蔵庫」は強化される

私がペンシルベニア大学教授から教わった言葉に、**「片足に科学的根拠で、もう一方の片足に知識と体験だ」**というものがあります。

「科学的根拠」というのは、ようするに「理論」ということ。たとえば歯科医療技術も日進月歩ですが、いくら理論を習得したところで、名医にはなれません。

歯科技術のみならず、幅広い知識を勉強し、たくさんの人生の体験を踏まえなければ、歯科医師として優秀な人間にはなれないのです。やはりこの仕事も、人を相手にする仕事なのですから。

同じことは、ほかのどんなことにだって言えるでしょう。

たとえば、株で儲けたいと思ったら、株を購入して、あとは祈っているだけでは仕方がありません。株のことに詳しくならなければいけないのはもちろん、世の中の経済的な流れや、企業についての情報収集が必要でしょう。

それだけでなく、売り買いのタイミングにおける人間心理や、状況を見極める分析力など、あらゆる情報を知っていれば、それだけ有利になります。

株で儲けを出し続ける投資家というのは、別にカンが圧倒的に優れているわけでなく、たくさんの情報を「知識の貯蔵庫」にインプットしているから、カンが冴えわたるというわけです。

潜在意識はほぼ無限の領域を持っていますから、知識、情報を無限に蓄積して、学べば学んだぶんだけ強力な「知識の貯蔵庫」をつくっていきます。

ですから、願いがかなう人とかなわない人の差は、結局は「学び」の量にかかわっているとも言えます。

けれども、これは歯科医がどれだけその分野の勉強をしたかとか、どれだけビジネスパーソンがビジネス書を読み、セミナーに行ったかという問題ではありません。

私たちは学校で勉強し、社会人になっても、それなりに仕事のことを勉強していると思います。「成功したい」という人であれば、成功哲学の本を読み、自己啓発のセミナーに足しげく通ってもいるでしょう。

もし成功哲学をたくさん読んだ人が、成功に最も相応しい「知識の貯蔵庫」をつくり、実際に成功しているなら、話は非常に簡単です。おそらく私の本を読んだたくさんの方々が、続々と大成功者になっていることでしょう。

でも、残念ながら世の中は、そう簡単ではありません。

「知識の貯蔵庫」は、Aの勉強をしたからAの能力に秀でるようになる、といった単純なものではないのです。

仕事のみならず、普段の生活から人とのかかわり、テレビや雑誌などのメディアで触れる情報から、街を歩いていて目に入るものまで、あらゆるものが「学び」の対象になります。だからこそ私たちは、「知識の貯蔵庫」の活用の仕方を理解していないと、意味のない勉強を繰り返してしまうことになるのです。

潜在意識は、情報を〝ふるい分け〟しない

よく仕事においては、「オンとオフ」という言い方がされます。

金曜日まで目一杯に仕事をしたら、休日は完全にプライベートの時間。今日は土曜日だから、仕事のことは一切考えず、楽しい時間を満喫するぞ……と。

そうした考え方をするのは自由ですが、**潜在意識はそんなふうに都合よく、「仕事の時間」と「プライベートの時間」を分けていません。**

たとえばフランス料理のシェフになろうと、強い目標を持って働いている人がいたとしましょう。

この人がオフの時間に、仕事とは関係のない日本料理を食べに行ったとします。フランス料理のことなんて忘れて、ただ食を堪能することだけに集中するか……といえば、そんなふうにはできません。

少なくとも潜在意識の中では、「この昆布の出汁は、スープに利用してもいいな」とか、「この野菜をフレンチだったら、どう料理するだろう」とか、自分の日標に合致する形で「知識の貯蔵庫」にデータが保存されていくわけです。

すると、いざフランス料理の厨房に立ったとき、いろんなアイデアがあふれ出して素晴らしい料理ができることになるでしょう。

潜在意識はこのように、どんな情報、どんな要求、どんな問題でも受け入れ、それをもとに「知識の貯蔵庫」を絶え間なくバージョンアップさせていきます。

そうすると、「学びが必要だ」といっても、必要な勉強はものすごく簡単であり、楽しいものであることがわかるでしょう。

ようは「こういう目的を実現したい」と考えたら、心の向くまま、あなたの興味がおもむくままに、いろんな場所に行き、いろんな人に会い、いろんなものを見たり、聞いたり、読んだりして、知識や情報を潜在意識に吸収させていけばいいのです。

結果、いつのまにか願ったことは実現しています。


たとえば私の場合、「世界最高峰のインプラントを学びたい」と考えていたら、いつのまにかニューヨーク大学のプログラムに日本人で初めて学ぶ機会を与えて頂きました。それは本当に、潜在意識が導いてくれたとしか言いようがありません。

必要な知識がインプットされ、必要な人との人脈ができ、アドバイスを聞きながら自分の興味あることを追求していたら、自然にそうなりました。

答えはちゃんと、自分の中にあったのです。

逆に言うと、目標が漠然としたまま、ただ「これが必要だ」「これは自分の学ぶべきことだ」と一目散に勉強をしたところで、自分が望むところには誰もつれていってくれません。自己啓発に熱心な人ほど、こうした悪循環にはまりやすいのです。

あなたの願望がかなわない3つの理由

潜在意識の中の「知識の貯蔵庫」は、自動的にあなたの願いを実現させてくれるようにできています。だから「引き寄せの法則だ」といって、神秘的な力に頼る必要など、本当のところはまったくありません。

それにもかかわらず、願いがかなわないと言う人がいる。

その理由は、おおむね3つしかありません。

① 安易に神秘的なエネルギーに頼っているから。これはいままで述べたとおりです

② そもそも、かなえたい目標が明確でないから

③ 「知識の貯蔵庫」にインプットされる情報が、まるで願いの実現を妨げるものばかりになっているから。必要な知識の引き出しに、余計なものばかりが収まっている状態になっている

②の「目標が明確でない」ということは、よく自己啓発書では言われていることです。

ただ、「明確でない」ということの意味を、多くの人は理解していません。

たとえば、「お金持ちになりたい」という夢を描く人がいる。

でも、一体いくらのお金があれば「お金持ち」と言えるのか。何を買うことができ、どんな生活をしていれば「お金持ち」なのか……。

お金持ちになりたいという人は、具体的に考えているでしょうか？

お金そのものは、結局のところ紙切れであり、通帳に記載される数値に過ぎません。それが大量にあって嬉しいかといえば、ほとんど意味のないものでしかないのです。

では、何が購入できればいいのかと言われ、たとえば大豪邸を想像したり、高級車を想像したり、ブランド品などを思い描く人がいます。

ならばそれを、のどから手が出るくらい本気で欲しいと思っているのか……？　と考えると、実際は最低いくらなら購入できるのかを、調べてみたこともない人がほとんどなのです。それくらいの欲求であるなら、本当に欲しい「願望」とは言えません。

「結婚したい」という願望にしても、同じことです。

前に「一流の人と出会いたいんです！」と言う女性に会ったことがありますが、いったいその「一流」とは何なのか？

鉛筆を削るのが一流の人もいれば、昆虫の採集で一流の人だっているかもしれない。

結局のところ、自分が出会いたい対象すら、みんな明確にしていないのです。

このような目標では、潜在意識だって、どんな情報を集めていいかわかりません。

自分が望むものをまずハッキリさせ、どんなふうになることを自分が望んでいるのかを考えなければいけないでしょう。

たくさんの「ネガティブ情報」が目標の実現を妨げている

前項の③「『知識の貯蔵庫』にインプットされる情報が、まるで願いの実現を妨げるものばかりになっている」というのは、まさしく潜在意識がふるい分けをせず、あらゆる情報を拾って「知識の貯蔵庫」をつくっていくことと関係しています。

たとえば、世界の優れた文学を集めた書棚をつくろうとしていたのに、いつのまにか中身がマンガだらけになっていた……。それでは書棚そのものが、違う世界のものになってしまいますね。

でも、目標が明確であれば、どんな情報に遭遇したとしても、目標の達成に役立つものばかりをフィルタリングするのでは？

はい、その通りです。

フレンチで一流になりたい人は、和食店に行っても、フレンチに有益な情報を選択して「知識の貯蔵庫」をつくる、という話は先にしました。

しかしながら、これが「その目標は達成できないよ」とか、「ムリに決まっているじゃない！」という情報だったらどうでしょう？

フレンチの料理人であれば、「いまどきフレンチは人気が出ないよ」とか、「一流のコックさんがひしめく中で、成功できるわけがないよ」といった情報ばかりが集まっていく……。

すると、いつのまにか「知識の貯蔵庫」が、「フレンチはやめたほうがいいよ」という選択をうながしていくのは想像できますね。

実際、世の中はネガティブ情報にあふれています。

心理学者のシャド・ヘルムステッター氏によると、人は生まれてから20歳になるまでに、通常の家庭で育った人で、合計で14万8000回もの否定的な言葉を浴びているそうで

す。

それだけ多くの否定の言葉を言われるのであれば、逆に潜在意識をポジティブに保つほうが難しいかもしれません。

たとえば、数十年前には「成功者になる」というのが、ごく普通の目標になっていました。けれども若くして成功した人物が失敗する様子をリアルに見せられ、「成功したって不幸を招くだけだ」とか「お金で幸福は買えないから」という意見が、まことしやかに語られるようになる。

すると、いつのまにか、「成功しよう」「お金持ちになろう」なんて思う人も、この日本には少なくなってしまいました。

すべては大勢の人の潜在意識が招いたことです。

あなたが目標を実現しようとすれば、それを「ムリに決まっている」と言う人がいるかもしれません。やがてあなたは、自分でもそれが実現できるか不安になり、だんだんとネガティブな情報ばかりを拾っていくようになる。

いつのまにか「知識の貯蔵庫」は、「それを可能にする情報」でなく、「それが不可能な理由」ばかりになってしまいます。

願いがかなわない人には、「知識の貯蔵庫」が、ネガティブ情報満載になってしまっている人が多いのです。

「自分の夢をかなえたい」と言っている一方で、潜在意識の中の自分は、「かなうわけがない」と思っている。

これでは何も現実が変わりません。

必要なのは「知識の貯蔵庫」をメンテナンスし、情報の受け取り方を変えることです。

そのためにはまず、自分の潜在意識の状態を確認しなければなりません。

次章では、その方法を詳しく述べていきましょう。

Column

自分を変えるパワーアファメーション

筆者が日常で活用している、潜在意識を高レベルに保つための言葉です。ぜひ毎日、口にするようにしてみてください。

1

「私にできないことはない。すべてを実現できる力がある」

2

「私には、必要なお金が必ず手に入る」

3

「素晴らしいことで満たされた私の潜在意識は、必ず私のすべての願望をかなえる」

4

「常に、今日が最後の1日だとしたらという気持ちで決断と行動をする」

Chapter
2

すべては潜在意識の状態を知ることからはじまる

不安を取り除くには何をすればいいか？

1章では、「ムリに決まっている」というネガティブな情報が不安を生み、「知識の貯蔵庫」が正しく作用しなくなるという話をしました。極端な話をすれば、**人生において不安をゼロにすれば、誰でも１００パーセント、うまくいきます。**

それは、潜在意識が願ったことを実現させようとしたとき、ブレーキをかけるものがなくなるから。あとは自分の願いを明確にするだけの話です。

だから私はこれまでずっと、極端なくらいにまで、未来に対して不安を持たないようにしてきました。

おそらくあなたは、そんなふうに未来への不安を抹消することなんて、不可能だと思うでしょう。「それはメンタルの強い井上さんだから、できることなのではないか」と。

でも、そんなことはありません。私も決して強靭《きょうじん》なメンタルを持っているわけではないのですが、たくさんの啓発書を読みながら、次の2つのことを徹底したのです。

① ネガティブな情報を、極力、排除する

② 未来のことでなく、「いま」に集中する

この2つは誰でも心がけしだいで、できることです。

人生というのは、自分のやっていることに対する不安があるから楽しくならないのです。逆に自分がやっていることに対しての確信ができれば、「こんなことができるんじゃないかな?」とか、「こうもなれるんじゃないかな?」と、夢がどんどん思い浮かぶようになっていきます。

ですからまずは、自分自身に入ってくるネガティブ情報を遮断し、「いま」に集中できるようになることが「知識の貯蔵庫」を活かすための大前提です。

では一体どうすれば、それができるようになるのでしょうか?

潜在意識が強くなれば、他人の言葉になど惑わされない

前項にて、

① ネガティブな情報を、極力、排除する

② 未来のことでなく、「いま」に集中する

とは言いましたが、①の「ネガティブな情報を、極力、排除する」は、②の「未来のことでなく、『いま』に集中する」ことによって、当たり前のようにできます。

これは自分自身の潜在意識を理解し、それをメンテナンスして、強化していくということ。わざわざネガティブな傾向のある人を、一人ひとり人間関係から取り除いていく必要

もありません。

そもそも自己啓発のハウツーには、無茶なことが意外に書いてあります。

たとえば「ネガティブな人とつき合うな」と言われても、会社の上司がネガティブな人だったり、配偶者がネガティブな方向に心がふれてしまうことだって、いくらでも状況的にはありうるのです。

そのたびに会社を辞めたり、離婚したりしていたのでは、キリがなくなってしまいます。

実際に、私の周囲にだって、ネガティブな人が1人もいないかといえば、決してそうではありません。

たとえば「こんなプロジェクトをやりたい」と言えば、「ムリに決まっていますよ」と否定的な意見を述べる人だっています。「こういうことをやってほしい」と言えば、「自分にできますかね」なんて自信のないことを言う人もいます。

歯科医院を開業し、たくさんの本を書いていれば、皮肉を言われたり妬《ねた》みの言葉を言われたりというのもキリがないでしょう。

だからといって、私はそういう人を排除したりはしません。

プロジェクトについて、「ムリですよ」と言われれば、私はただ「そう？　でも私はやるよ」と言って、淡々と続けていきます。

なぜなら「ムリでないこと」は、自分がよくわかっているから。

たとえば本書を読みながら、仮にあなたは「それは井上さんだからできたんでしょう」と思っていたとする。そうであったとしても、私は構わず「うまくいくためには、こうしてください」と言い続けます。

どうしてかといえば、それも私が「あなたにはできる！」と確信しているからなのです。

実際、「ムリですよ」と言った人も、私に言われてやっていくうちに、いつのまにか「あれっ？　できるかも」と思い始め、気づいたら何の疑いもなくプロジェクトの一員になっています。

そうでなければ離れていくことになるのでしょうが、そんな実務能力のない人間であれば、私も最初から声をかけてなどいません。

「井上さんだからできたんでしょう」と思う読者も、やればすぐ「あれっ？　自分にもできるんだ」と確信できるわけです。さすがに読者を選ぶことは著者の立場でできませんが、読者の役に立てるために私は言葉を説き続けるしかありません。

こんなふうに「自分自身が、まず絶対」としておけば、ネガティブな情報などは簡単にはねつけられます。

惑わされることなど、まったくないのです。

人と対面するとき、奥底では、あなたの潜在意識と、相手の潜在意識が対峙しています。あなたはどんな言葉に対しても、「自分は決して臆《おく》さないし、飲み込まれない」と考えていればいいのです。

多くの人は、他人の思考に重きを置き過ぎています。

あなたの潜在意識の中には、当たり前ですが、あなたの思考しか入っていません。

だから、あなたのことを本質的に理解する人はいないし、あなたのことを１００パーセント幸福にしてくれる人もいません。

どんなに親しい人で、どんなに愛している人であろうと、他人は他人です。

誰かの言葉を聞いて成功できるとしましょう。

それは「誰かの言葉」を、あなたの潜在意識が「知識の貯蔵庫」にストックして、あなた自身を成功させるように導いた……ということに過ぎません。

だから前提として、あなたが聞く言葉は、すべて他人事の言葉なのです。

そう思ってしまえば、ネガティブなのは当人の勝手。皮肉を言われても、悪口を言われても、あなたにとってはどうでもいいこと。

これが「自分自身の潜在意識を理解し、それをメンテナンスして、強化していけばいい」ということの真実です。

いちばん嫌な過去が、あなたの不安のもとになる

「未来に対する不安」ということを考えたとき、潜在意識は、いったい何を恐れているのでしょうか。

実際、未来のことは、まだ何も起こっているわけではありません。

起こってもいないことが不安になるのは、結局のところ「過去の情報」が影響しています。

というよりも、私たちの潜在意識には、そもそも私たちが過去において、見たり、聞いたり、経験したことしか入っていないのです。未来に起こることを、あらかじめ神様がセットしてくれているわけではありません。

たとえば、「結婚できないんじゃないか」と恐れている人がいたとしましょう。

この人が不安になる理由は、タイムマシンで未来を見てきたからではありません。

過去において恋人がいなかったり、あるいはつき合ってもなかなかうまくいかなかった経験を何度もしたりという、すべては蓄積データからの類推なのです。

過去はあくまで過去。

「不安に思っている」という状態は、過去にあるのでもなく、未来にあるのでもなく〝いま現在〟の当人の状態です。

潜在意識にある過去が、「いま現在の不安」を生んでいるとすれば、過去の情報を見直すだけで、現在の解釈を変えることはできるはず。

「過去において恋人がいなかった」とか、「つき合ってもうまくいかなかった」というのは、過去における事実だからどうしようもないのでは？　それを忘れることなんてできないでしょう？

確かにその通りですが、実際にはそれも「解釈」でしかありません。

たとえば、「つき合ってもうまくいかなかった」という前提には、少なくとも「好きになった相手と恋愛関係になり、一定期間は交際が続いている」という〝事実〟があります。「過去にあの恋愛ができたんだから、今度はうまくいくな」という解釈だって、十分にありえるでしょう。

「過去において恋人がいなかった」にしても、別にそれは出会えない宿命を背負っているわけではない。

「自分は理想が高くて、選り好みをし過ぎていたな」とか、「出会いが生まれるような機会を、あまりつくってこなかったな」という事実があります。

そこに気づけば、「そういう自分を変えていくならば、自分だって結婚できるはずだな」と、不安をいったん取り外すことができるはずです。

つまり、私たちが不安材料として取り上げている情報は、膨大な過去の中のごく一部に過ぎないのです。

とりわけ過去の中のいちばんネガティブな部分は、印象として残りやすいですから、「知識の貯蔵庫」にも残りやすくなってしまいます。

不安によって動けなくなるのは、これが理由なのです。

よりにもよって潜在意識が、あなたにとっていちばん嫌なデータをもとにして、顕在意識にストップのサインを出してしまっているだけ。

けれども、たくさんの過去をふりかえり、解釈を変えれば、潜在意識のエラーは止めることができます。

不安さえ取り除けば、たとえば「自分はこういう人と結婚し、こういう家庭を築くぞ」と、正しく「知識の貯蔵庫」に目標を入力することができるでしょう。

あとは自動的に、出会いが生まれるような場に参加したり、人に好かれるコミュニケーションや外見をよく見せる方法を勉強するようになったりして、状況は変わっていくはずです。

「過去の解釈」を変えれば、未来が変わる

わかりやすく「結婚」の問題でたとえましたが、こうした過去情報の変換は、どんな問題についても同じです。

「お金持ちになりたい」と願ったところで、いままでほとんど多額の収入を得たことのない人は、それが実現可能なことと本気で思えません。

だから「知識の貯蔵庫」には、最初から「ムリだ」という情報が入力され、正しく作用しないのです。

チャンスがあっても、「君にはムリだから」ということで、顕在意識における決断に反

映されていきません。

でも、それはすべて、あなたの過去に対する解釈がつくっていることです。

エジソンが電球を発明したとき、1万回もの失敗をしながら、「自分はうまくいかないやり方を1万回、発見したのだ」と言った、という有名なエピソードがあります。

つまり1万回うまくいかなかったとしても、「1万1回目もうまくいかない」ということは確定したわけではないのです。

逆に「これだけ失敗しているのだから、そのうちうまくいくだろう」という解釈をしても、なにも間違っていることはありません。

もちろん、かの発明王のような強靭なメンタルを誰もが持てるかといえば、それは無理な相談かもしれません。

けれども、冷静になって自分自身の潜在意識と向かい合うことなら、決して難しいことではないはずです。

潜在意識をクリーニングする8つの要素

そこで自分自身の潜在意識と向き合い、過去の解釈によって生まれているブレーキを取り除くことを試してみましょう。

私は「潜在意識のクリーニング」として、次のような要素について、過去を振り返っていただく研修をおこなっています。

クリーニングとは、ようは「過去情報の上書き」ということで、だいたいは次の8個。

これらはすべて、過去の解釈によって生まれているものです。顕在意識に呼び出して解釈を変えてしまえば、潜在意識にかけられたブロックを外していくことができるでしょう。

とはいえ、すべては意識の底に根づいている感情ですから、ブロックを外そうとしても、そう簡単にうまくいくものではありません。

だから時間をかけるだけでなく、反復していくことも必要になります。

ここではざっと述べる程度にとどめておきますが、潜在意識を正しく使うには、繰り返しこのページに戻って、8つの問題について検証してみてください。

①「失敗した」という解釈を上書きする

エジソンの話でもわかるように、失敗したというのは、「自分が学びを得た」という経験であり、否定されるようなものではありません。

数々の成功者が失敗を推奨しているのは、あなたも本などで読んだことがあるでしょう。何度も何度も失敗して、そのたびに経験値を上げ、最終的に大きな成功を得るのであれば、失敗は単に必要なプロセスに過ぎないわけです。

これは人生の、どんなことにおいても変わりません。恋愛だろうが、人間関係だろうが、ちょっとした過ちだろうが、同じ。

仮に大きなものを失ったとしても、その経験から学んだことは必ずあるはずです。

失敗したという事実に焦点を絞るのでなく、まずは「自分が何を学んだか」を考えてみてください。

そして、その学んだことから、自分の未来はどうなることが予想できるのか？

これがイメージできれば、失敗したことは決して、あなたの未来を阻むブレーキにはならないはずです。

②「苦手である」という解釈を上書きする

よく、「自分は苦手だから、○○はできない」と言う人がいます。

たとえば商品開発の部署から、営業部に異動することになった。自分は人と会話することが苦手だから、それはムリに違いない……とか。

けれども、実際に営業をしたことがないのですから、「苦手である」という判断は正しくありません。

「やってみたら、意外にうまくいった」ということは、いくらでもあります。

実際、営業の例で言えば、無口であがり症で、人と会話するのが得意でないという人が、トップセールスになっているケースはいくらでもあるわけです。

これは、「あの人が苦手」という場合でも同じでしょう。

苦手というのは印象だけで、思い返せば、実際にコミュニケーションをほとんどしていないかもしれません。ならば「話してみたら、気が合った」ということは、いくらでもあると思います。

つまり、本当は「苦手」なのでなく、「経験していなくて知らない」だけなのです。

何かが苦手と思うなら、過去のどんな経験が、苦手の根拠となっているのか？　ようするに、経験していないだけではないのか？　よく考えてみましょう。

それをハッキリさせれば、少なくとも「試してみたらどうだろう？」という気持ちにはなれるはずです。これによって「苦手だから、できない」というブレーキは外れます。

③「腹が立つ」という解釈を上書きする

怒りの感情は、潜在意識を混濁化させる原因になります。

たとえば人間関係について見れば、ある人のあることによって、「ものすごく腹が立った」という過去の体験があるだけで、その人からの情報にすべてバイアスがかかります。気の短い上司など、部下から報告を受けるとき、「最初の説明がわかりにくい」というだけでカッとなってしまう人もいるでしょう。そうすると、そのあとの報告にいくらビジネスチャンスが埋もれていたとしても、まったくスルーして、正しい判断ができなくなってしまうわけです。

とはいえ、相手が怒らせるようなことをするのだから、仕方ないのではないか？

そんなことはありません。「怒る」というのは、すべて自分の感情であり、相手が何かエネルギーを送っているわけではないです。

自分の感情であれば、コントロールするのは難しくありません。

ようは自分の側からだけ見るから「怒り」になるだけで、相手の立場に立って気持ちを推測してみればいい。

「イライラしているから、あんな対応になったんだな」

「あの人は、他人の感情に鈍感だからな」

「自分も、あのときは冷静じゃなかったし。いま思うと怒るようなことでもなかったな」

これは別に相手を好きになれ、ということではありません。ようは「怒りの原因」に対して合理的な解釈ができれば、ネガティブな感情のバイアスは消えていくわけです。

怒りは結局、自分にとってみればマイナスにしか作用しません。だから過去における怒りの感情など、すべて洗い流してしまったほうがいいのです。

④「難しい」という解釈を上書きする

自分には難しい……。

だから、できない……。

多くの人はそうやって、目標として掲げたことをあきらめてしまいます。

ただ、多くの人は「これは難しいな」と悩むとき、可能性を完全に否定しているわけでないことを知ってもらいたいのです。

そう言うと、「えっ?」と思われるかもしれません。

でも、たとえばあなたは、「100メートルを9秒台で走るなんて、ムリだよなあ」と、真剣に悩んだことがあるでしょうか？

会社員として仕事をしながら、「オレ、サッカー選手になれないよ」とか、「アイドル歌手になれないなあ」なんて、悩んだことがあるでしょうか？

そう、人は最初からまったく可能性を考えていないことに対して、困難さを感じたりはしないのです。

あなたが「難しい」と考えることは、じつは心の奥底で「できる」と考えていること。

それを知れば、あとは「では、何ならできるだろうか？」と意識をスイッチするだけです。

たとえば、よく挫折しやすいものに「ダイエット」があります。

1日が終わり、寝る前に50回の腹筋運動をしようと決めた。でも、それは難しい……。

ああ、自分にはダイエットなんてムリなんだな……ではありません。

じゃあ、何回なら腹筋ができるのか？　腹筋の代わりに何ならできるのか？　寝る前がダメなら、朝起きてすぐではどうか？

こうやって転換すれば、まったく「難しい」問題ではありませんね。

極めて簡単なことだと思います。

⑤「人より劣っている」という解釈を上書きする

潜在意識下でブレーキをかける要素として、「コンプレックス」というのは、極めて取り除くのが難しい要素ではあります。

たとえば、自分の顔にコンプレックスを持っている人がいる。どこがいちばんコンプレックスなのかといえば、鼻が低いことだと言う。

こんな場合に、整形をすることだって、1つの策ではあります。

いまはプチ整形など、昔と違ってハードルが低くなっているでしょう。またそこまでやらなくても、女性であればお化粧の仕方で、鼻を高く見せることもできます。

こうして見た目はほとんど変わらなかったとしても、本人が「これで私は大丈夫！」と自信を持てれば、どんどん人生に対して積極的になり、いいことが起こってくるものです。

つまりコンプレックスの克服には、「それを感じないように、ごまかしてしまう」というのが、1つの作戦になります。もともと他人は気にしない、自分が考え過ぎてしまっているだけの問題ですから。

ならば、コンプレックスはコンプレックスとして認め、「人は欠点があってもいいんだ」と考えてもいいのです。

逆に「自分のいいところは、どこだろうか？」と考える。

「元気さがあるじゃない」「根性だけはあるから」「いい友達がたくさんいるじゃない」……。「いいところ」というのは、何でもいいのです。

コンプレックスについて考えたときは、必ず「その代わり自分にはこういう、いいところがある」で結論を終わるようにしましょう。

このように反復して考えることで、だんだんとコンプレックスも薄めていくことができるはずです。

⑥「つらい思いをする」という解釈を上書きする

つらい、苦しい、悲しい……。

そんな思いをしたいという人は、よっぽどでなければ、いないはずです。だから、これから未来に起こることに対し、「つらいこと」や「悲しいこと」を想像すれば、誰でも行動にブレーキがかかるのは当然でしょう。

たとえば、電車で座っていたら、目の前にお年寄りが乗ってきた。どこも空いてないので、席を譲ろうかと考える……。このとき、お年寄りから「結構です！」なんて言われて、自分が傷つくさまを想像してしまった人は、譲ることができなくなってしまいます。

「ありがとうございます」と言われ、お年寄りはニッコリ。自分も得意満面になっている……といった様子を想像できた人は、躊躇《ちゅうちょ》なく席を譲れるでしょう。

過去のデータから、潜在意識の「知識の貯蔵庫」が行動をうながすかどうかは、結局のところ、この選択の差なのです。

そもそも「つらい、苦しい、悲しい」というのは、生物レベルで考えれば、生命の危険を脅《おびや》かされるような体験になります。生き抜くことを考えれば、つらいことが起こりそうな現象に対して恐怖を感じ、立ち止まるのは当然のことでしょう。

大自然の中で生活してきた私たちにも、そうした傾向は備わっています。

けれども文明社会で成功者になるには、恐怖を克服できたほうが有利なのです。

だから「起こりえるつらいこと」でなく、「起こりえる嬉しいこと」のほうをできるだけ想像するようにする……。

たとえば転職をする際であれば、新しい人間関係や慣れない仕事に苦労している姿でなく、新しい職場にワクワクし、みんなと仲良くなっている姿を思い浮かべる。恋愛であれば、別れのつらさでなく、デートしているときの楽しさを想像する……。

実際、過去において転職や恋愛に失敗した人でも、「つらい思い」の前には、「嬉しい思い」がいくつもあったはずです。そのことをできるだけ思い出して、あとは現在の「哀しみを乗り越えている自分」に自信を持つことが大切でしょう。

⑦「やっても意味がない」という解釈を上書きする

「それをやっても意味がない」とか、「どうせ、つまらないに決まっているし」というのも、行動にブレーキをかける要因です。

たとえば、「行っても仕方ないから」ということで、セミナーなどに行かない人がいます。あるいは「読んでも仕方がないから」ということで、本を読まない人もいるでしょう。

もちろん費用対価値を考えれば、自分にとってメリットを感じないセミナーに、1万円も2万円も出費するのはムダな投資かもしれません。

ただ1000円や2000円の本であれば、どうでしょう？　読んでみれば、その何十倍、何百倍もの価値が生じることだってあるでしょう。

そもそもこの世の中には、価値がないものなんてありません。なぜなら価値とは、結局のところ、個々人が決めるものでしかないからです。

逆に「意味がないから」と先に考えてしまう人は、最初から価値は「人が与えてくれるもの」と考えている傾向があります。受け身になってばかりだから、最後には「得るものがなかった」と判断してしまう。

逆に「この本から、こういうことを学ぼう」とか、「こういう機会だから、こういうことを経験してみよう」と先に決めてしまえば、最初から価値は〝おりこみ済み〟になります。

否定する前に、まず自分に獲得できることを考えてみるようにしましょう。

⑧「自分には運がない」という解釈を上書きする

「自分には運がない」と思っている人は、あらゆる機会に対して、ブレーキをかけてしまいます。どうせやってもうまくいかないだろう……と、先に「あきらめ」の感情が出てしまうのです。

これも「うまくいかなかった過去」が影響しているのですが、そもそも、ものごとに「いい」も「悪い」もありません。先にも述べたように、つらい経験が生命の危険を避けるために記憶に残りやすくなっているだけ。

実際は「運の悪い出来事」の何倍も、「運がよかった出来事」があるはずです。

また「運の悪い出来事」は、その先の「いい出来事」につながっていることもあります。たとえば、「学生時代からの恋人と別れたから、現在の配偶者に出会えた」とか、「大病にかかったから、健康への意識が高くなった」など。

過去の悪いことを思い返すときは、その「悪いこと」が引き起こした「いいこと」を同時に思い出してみましょう。

不幸な出来事は、むしろ「幸運の原因」とも解釈できるはずです。

歯が生え変わるように、チャンスは再度訪れる

生きていれば、たくさんのつらい経験があるし、絶望し、あきらめかけてしまうこともあるでしょう。私自身も過去に何度も絶望し、挫折しかけたことはあります。

ただ、「もう、あきらめた」と顕在意識が思い始めたとき、そのサインを出しているのは潜在意識なのです。

それに気づいたとき、私は潜在意識の中の情報をすべて上書きできないかと考えました。

もちろん、それはパソコンのソフトを入れ替えるような簡単なことではありません。

でも、小さな試行錯誤を続けながら、「絶対にあきらめないぞ」というモチベーション

をつくっていったのです。

そうしているうちに、迷いは一切なくなりました。

本田宗一郎など、多くの成功者が、「成功するために必要なことは、たった1つ。成功をあきらめないことだ」という言葉を残しています。

だいたい何かをやろうとすれば、出だしにつまずいたり、否定するような言葉を聞いたりというのは、いくらでもあるのです。

そこで不安が生じたら、私たちの潜在意識は、すぐに過去の情報にアクセスし、「どうせ、うまくいくわけがないよ」「うまくいかなかったら、つらいだけじゃないか」というサインを送ってくるでしょう。

ただ、成功する人や自分をいい方向に変えてきた人というのは、こうした「ストップ」のサインを、つねに押しとどめてきた人といえます。

彼らが「ストップ」のサインを押しとどめたのは、否定材料に負けない強靭なメンタルを持っていた、というのが1つ。

もう1つは、「否定材料以上に、思いを実現したい気持ちが勝っていた」というのが大きいのです。

どんなに過去に痛い経験をしてきたとしても、いま目の前のものを手に入れたい願望が強ければ、人は不安を押し切って前へ進みます。

たとえば「自分が英語を話すなんて、ムリに決まっている」という人でも、外国に住むようになって、「話さなきゃ生活できない」ということになれば、嫌でも英語を身につけていくのです。

これは「苦手だ」という過去の経験よりも、「話さなきゃ」という現在の願望が強いから、潜在意識を上書きすることができたということ。

このような強い願望を、私たちはふだんの目標設定で抱くことができるのか？

それについては、次章で詳しく述べていきます。

自分を変えるのは、とても簡単！

過去に何があろうが、私たちはいくらでも未来を変えることができます。

1つ例を紹介しましょう。私が知っている、皮膚科の先生の話です。

彼女は優秀な医師なのですが、ネガティブで、「自分はダメだ」と思い込むところがありました。そんな性格を変えたくて、私のセミナーにやってきました。

何でも「どうせダメだから」と、否定するのが彼女のクセ。

でも、できるかできないかを度外視して、「とにかくやってみたいことを何でもいいから話してくれ」と彼女に言いました。

するとおもしろいことを言うのです。

「ある有名な女医さんと講演がしたいんです」

聞けばその女医さんと、まったく接触がないわけではありません。同じ医師の会合のメンバーで、その日の夜も顔を合わせるということでした。

「だったら、その会で、一緒に講演したいって言えばいいんじゃない！」

「自分で話しかける勇気がなかったら、そこに参加している業者さんを通じて紹介してもらったら？」

「講演をするだけでしょ。簡単なことだよ！」

といったことを伝えました。

「確かにそうですよね……」と、彼女は言います。

このあと彼女は、自分を変えようと、その日に女医さんに提案してみたのです。

すると答えは簡単。

「ぜひ、今度一緒にやりましょう」ということでした。

それからです。彼女は学会発表を積極的にやるようになったし、雑誌の連載も始めました。今度は単体で、大規模な学会講演に挑戦したいとのこと。

「できない」とか「難しい」と、潜在意識にかかっているブロックを外せば、このように、あらゆることが動き始めます。

自分を変えることは、それほど簡単なことなのです。

知ってのとおり、歯には乳歯と大人の歯があり、子どものときに管理ができなくて虫歯だらけになったとしても、もう1回すべての歯を入れ替えてやり直せるようにできています。

こんなふうに、神様は私たちに何度でもやり直すチャンスを与えてくれているのです。

歯は1回きりですが、人生に起こることであれば、それこそ何度でもチャンスは訪れます。

だから私たちは、「あきらめる必要など、まったくないんだ」ということを、よく潜在意識に言い聞かせなければなりません。

どんな不安も、結局は、あなたの思い込みでしかないのです。

Column

自分を変えるパワーアファメーション

筆者が日常で活用している、潜在意識を高レベルに保つための言葉です。ぜひ毎日、口にするようにしてみてください。

1

「私の強い思いは、時代すらも必ず引き寄せる」

2

「私は日々、どんどんよくなっている」

3

「私は強運である。強運であるがゆえに、運が落ちることがない」

4

「人生はすべて学びだ。学んで解決できない問題はない」

Chapter 3

潜在意識を劇的に変える方法

あなたが実現したいことは、いったい何？

自転車に乗れるようになったときのことを、思い出してみてください。

もちろん、運動神経やバランス感覚の個人差がありますから、人によっては「大した苦労もなく、乗れるようになった」という人もいるでしょう。

でも、たいていの場合は、そもそも経験のないことです。「本当に乗れるのかな？」という不安と闘いながら、乗っては転び、そのたびに擦りむいたりしても、一生懸命に自転車にまたがって挑戦を繰り返したはずです。

どうしてあきらめず、そんな過酷な挑戦ができたのでしょう？

ようするにそれは、「自転車に乗れるようになりたい」という気持ちが強かったからです。失敗を何度も繰り返しても、傷だらけになっても、それでも乗りたかったから、あきらめずに挑戦をした。多くの方はそんな経験をしていると思います。

でも、おそらくあなたは、言われなければ、自転車に乗れるようになった日のことなど思い出しもしなかったでしょう。別に「苦労した」なんて認識していない。ただ無我夢中で、むしろ乗れるように努力したことは、楽しい思い出にすらなっているはずです。

つまり、本当に欲しいものを手に入れようと潜在意識が働いているとき、私たちはどんな苦労も「つらいこと」とは認識しないのです。

スポーツの練習でも、仕事の目標達成でも、基本は同じです。

「いま手がけている仕事を終わらせてしまおう」と無我夢中になり、すっかり時間の感覚を忘れ、気づいたら外は真っ暗だった……なんていう経験が、あなたにはありませんか？

人が願望をかなえるときは、こんなふうにまったく心のまま。苦労もないし、ストレスもない、まったく自然な流れで、潜在意識が目標を達成させるのです。

これに比べ、世間で言われる目標達成の方法とは、まず「自分の目標とは何か？」を考え、紙に書いて貼り出し、「明日から努力するぞ」なんて気合いを入れるやり方です。

これは180度、まったく違うものだとは思いませんか？

問題は、その「考えてつくりだした目標が、本当にあなたが欲しがっているものなのか……」ということです。

多くの場合、そうではないことがほとんどでしょう。

どうしてかといえば、「本当にあなたが欲しがっているもの」ならば、考える前に潜在意識が動き出しているから。それは自転車に乗ろうとする子どもと同じです。

多くの人の願望がかなわないのは、結局、願望を本気で「欲しい」とは感じていないからです。だから潜在意識はうまくはたらかないし、ネガティブな不安のほうが勝ってしまう。

でも、「本気で望んでいるものは何か？」と問われると、わからなくなってしまうのが多くの人の本音でしょう。

誰にでも願望はちゃんとあります。ただそれは、多くの情報に埋もれ、潜在意識の中に埋没してしまっているのです。

私たちはまず、それを掘り起こすことから始めなければなりません。

手に入れたい目標は「エゴ」でいい

あなたが本当に手に入れたいものとは、何でしょうか？

よく研修で「自分が生涯において実現したい目標を立てましょう」などと言えば、多くの方が「世の中に貢献したい」「みんなの役に立ちたい」と、高尚な理想を頭に描きます。

確かに孫正義さんであるとか、あるいは海外ではマーク・ザッカーバーグなど、大成功者はよく、社会的な貢献をふまえた目標について言及します。

世界的な成功を遂げた経営者ともなれば、もはや金銭で買えるものなど必要はない。世の中の多くの人から尊敬されるような、高邁《こうまい》なものを求めていくのも当然です。

でも、出発点ははたしてそうだったのでしょうか？

だいたい「世の中に貢献したい」という目標を立てても、あなたがいま、本気で「そうなりたい」と思えるかです。

マズローの欲求段階説では、「自己実現の欲求」が頂点にありますが、「世のため人のため」が出てくるのは、それが満たされてこそ。

そもそも人は「自分のため」が満たされないと、「他人のため」を心の底から求めることはできない性質を持っているのです。

「自分のため」というのは、ようするに「エゴ」です。

かなえたい目標は、そもそもエゴであるべきと、私は思っています。そうでないと潜在意識が、それを強烈に求めないからです。

逆に「エゴ」で始まった願望でも、成功のレベルが高くなれば、世の中に対する貢献度も高くなるでしょう。

実際、ビートルズやローリング・ストーンズといえば、世界に影響を与えたロックのアーティストです。でも、音楽を始めたきっかけはといえば、「女の子にモテたかった」というような、あまりにもよこしまな動機に帰結してしまいます。

シャネルのブランドを立ち上げたココ・シャネルも、世界に大きな影響を与えました。でも発端はといえば、背が低くて痩せていた自分が、キレイに見える服をつくりたいといった、個人的な願望です。

先のマーク・ザッカーバーグにしても、ハーバード大でフェイスブックを立ち上げたときの動機は、「お金儲けがしたい」という単純なものだったかもしれません。

けれども会社が大きくなるにつれ、「経営者として、この会社を育てたい」という意欲が高まり、理想がどんどん高尚になっていったわけです。その過程で、「儲けたいから」と参加していた創業メンバーたちは、ことごとく離れていくことになりました。

ですから、まずは「世の中の役に立つ高い目標」などと考えず、自分の本質的な欲望と向かい合ってほしいのです。

何よりあなたの潜在意識は、あなた本来の願望をちゃんと見抜いています。それを欺《あざむ》こうとしたって、うまくいくわけがありません。

私だって「カッコよくありたい」で始まっています

願望を「エゴでいい」と言うと、ときどき「それはおかしい」と否定する人もいます。

もちろん、純粋に「誰かのため」「世の中のため」と考えている人もいるでしょうから、それはまったく構わないのです。

たとえば自分が孤児院で生まれたから、孤児たちに寄付することが心の底からの願いだ……とか。そうした過去の自分の体験からくる思いであれば、その気持ちも本物でしょう。

潜在意識は「孤児たちに寄付をする」という目的に沿って「知識の貯蔵庫」をつくり、多額の寄付ができるよう、その人の収入レベルを高めていきます。

しかし通常の場合、「多額の寄付をしたい」と言う人も、根底には「いい人に思われたい」とか、「周りの人に褒めてもらいたい」という、我欲があることがほとんどです。

これは決して、悪いことではありません。

「いい人に思われたい」でも、「周りの人に褒めてもらいたい」でもいい。そのエゴの欲望を肯定すれば、潜在意識はあなたが本心で思うことに向けて、正しく動き出します。

「いい人に思われたい」人は、どんどん「いい人に思われるようなこと」を無意識のうちに実行し、ますます人気者になっていく。「周りの人に褒めてもらいたい」人は、どんどん「人から褒められること」を無意識のうちに実行し、成功者になっていきます。

何も悪いことはありませんよね。

私の場合、根底にあるのは、「カッコよくありたい」というものです。カッコよくありたいから、ジムなどに行って体形を維持するし、ファッションにも気を遣います。

仕事ができない人よりも、できる人のほうがカッコいい。だとしたら仕事も一生懸命にやって、他人から評価されるレベルを目指す。

お金がないより、もちろん、あったほうがカッコいい。いいものを身につけることができるし、東京に来たときなど、カプセルホテルに泊まっているより一流のホテルから颯爽《さっそう》と現われたほうが、それはカッコいいですよね。

ですから、がんばって収入レベルを上げるようになっていきます。「お金」が動機ではなく、あくまで「カッコいい」が動機なわけです。

著者としてだって、やはり売れない本を出しているより、売れているほうがカッコいいに決まっているのです。だとしたら世の中のニーズを考え、わかりやすい表現をして、最高の本が出せるように努力していくしかありません。

これらはすべて、潜在意識が「カッコよくなるように」と、自動的に動きをつくってくれるから、自然に実現できるのです。

本心の願望だから、「知識の貯蔵庫」は間違ったところに誘導することもない。自分のエゴをすべて認めているから、自然に導かれる形になっていきます。

地位にしろ、名誉にしろ、お金にしろ、実際は〝手段〟であり、あなたが本質的に求めているものではないかもしれません。願望が実現しないなら、願望自体を、まず見直すことが大切でしょう。

子どものころの願望を掘り起こしてみる

では、あなたが本心から望んでいるものは何でしょう？

あらためて聞かれると難しい……そう思ってしまう人が多いかもしれません。

まずできることは、潜在意識のもとになっている過去の体験を思い出してみることです。

あなたの行動にブレーキをかけている不安の源は、多くが過去に体験したり、言われてきたことからの不安でした。

その一方で、あなたが子どものころに「そうなりたい」と思っていた願望も、心の奥底には眠っています。まず、それを呼び起こしてしまいましょう。

子どものころに、あなたは何になりたいと思っていたか？

当然、多くの人は、「なりたかったもの」を思い出せるでしょう。それくらい、じつは「子どものころの憧れ」とは、願望レベルの高いものです。

でも、普段あなたはそのことを思い出すことがない。それは成長するにしたがって現実を知り、「なれるわけがない」と否定するからです。

たとえば「野球選手になりたかった」とか、「正義の味方」になりたかったなど。確かに社会人となった現在、それを実現できる立場にいる人は少ないと思います。

ちなみに私の場合は、「パイロットになりたい」というのが、子どものころの夢でした。もちろん、ある程度の年齢になってから飛行機の免許を取得する人はいますが、イメージしていた旅客機のパイロットというのは、やはり難しいでしょう。

でも、そこで「ムリだ」で終わらず、さらに自己分析して、願望の本質を追究してみてほしいのです。

たとえば私は現在、パイロットになっていませんが、じつのところ飛行機にはもう1000回以上は乗っています。なにせ週末には必ず飛行機で、東京に来ているのです。

地方への出張も、数えきれないほどになりました。すると「飛行機で全国を、また世界中を飛び回る」ということでなら、私は願望を実現しているわけです。なるほど、確かに北海道からほとんど出ずに生活するというのは、私の中にまったくなかったことです。

では、この願望について、さらに私が望んでいるイメージはないだろうか？

私は東京に来たとき、決まってお気に入りのホテルに泊まります。そんなふうに、全国のホテルを転々とする生活というのは、自分の中で「カッコいい姿」として憧れるものです。

そんな願望にたどりつくと、本気で望んでいるものですから、潜在意識にもスイッチが入ったのでしょう。

ひょんなことから、自宅をホテルにするような話を提案されました。

これは自分の北海道の土地をホテル事業者に貸し、その一部をマンションにして、自分の自宅にするという話。実現すれば、ホテルの温泉もホテルのレストランも自由に使えるようになるのですが、これも私の潜在意識に設定された願望が、そういう人脈を選び出し、そういう話がくるような展開を導いたのだと思います。

潜在意識を動かす8つのイメージ

私がおこなっている潜在意識のトレーニングでは、さまざまな「理想の自分」をイメージしてもらいます。

先に紹介したように、子どものころの願望とリンクさせれば効果的ですが、それがピンと来なかったとしても理想の自分を思い描くことはできます。「こんな自分になれたらいいな」という状態さえハッキリすれば、自分が欲しがっているものは簡単に見つかるのです。

それでは次の8つの要素について、「こうだったらいいな」という自分の理想の状態をイメージしてみてください。

① 理想的な「人との接し方」をイメージする

人間関係において、自分自身がどのように相手と接しているかをイメージしてみてください。相手はどんな人でも構いません。実際に周りにいる人でもいいし、まだ出会っていない相手を想像するのでもいいでしょう。上司、クライアント、お客様、あるいは恋人……。

相手が実在するかどうかは、どちらでもいいのです。

とにかく「こんな人物に、こんなふうに接している自分になりたいな」というのをイメージしてみてください。

具体的には、次のようなことを考えてみるといいでしょう。

・自分がどんな話を相手にしているか？
・相手は自分に、どんな話をしてくれているか？
・自分の態度、表情はどんな感じか？

他人と接している自分を思い描くことで、気づかなかった「望んでいる自分の姿」が浮き彫りになることも多いのです。

もしイメージがうまくわかなければ、映画やテレビドラマなどで、憧れの登場人物や、憧れの俳優の演技を観察するといいかもしれません。あとでも述べますが、優れた見本を見つけることは、自分の願望を強化するのに効果的です。

② 理想的な「自分の外見」をイメージする

自分にコンプレックスを持っている人は、そもそも「自分の姿」をイメージするのが苦手なものです。けれども前章で述べたように、「嫌なところ」でなく「いいところ」に焦点を絞れば、自分自身と正面から向き合うことも、できるようになるでしょう。

自分に向き合ったら、その姿がどうなることを自分は望むのか？

「そんなふうに変われるわけがない」というブロックを取り除き、理想の自分の姿を思い浮かべてみましょう。
・どんな服装をしているか？
・どんな姿勢、体形をしているか？

・どんな持ち物を身につけているか？
ある程度の年齢の方であれば、自分がいちばん輝いていたころを思い出すのは効果的です。周りの人や芸能人など、憧れの対象があればイメージもしやすいかもしれません。

人は誰でも、「イメージする理想の自分」に、実際の外見を近づけていくことができるのです。潜在意識の力を信じてください。

③ 理想的な「自分の学び」をイメージする

何を学び、どのように成長していく自分になれたらいいと思うか？

たとえば、いまの仕事でもっと成長するために、どんなことを学べたらいいと思うのか。あるいは「もっとこんな能力が身についていれば、こういう仕事ができるのに」と思うか。できる・できないにとらわれず、学びたいことをどんどん想像してみてください。スキルに語学、資格や一般教養など、対象にするものは何でも構いません。

「学生時代に学びたかったこと」を思い出すと、強烈に「学んでみたい」という気持ちは強くなります。

そして現実に、世には60代、70代、80代になってから、学校に通い直したり、新しいスキルを身につけたり、英語がペラペラになったり、楽器が弾けるようになったりする人もいるのです。

実際、80代になって何カ国語もの外国語を習得した旅館の女将さんや、やはり80代になってからゲームアプリを開発してしまった人もいます。本書の発行元であるきずな出版の櫻井秀勲社長も、80代で出版社を創立しました。

潜在意識は何歳になっても衰えませんから、不可能なことはまったくありません。

④ 理想的な「自分の食事」をイメージする

マズローの欲求段階説の、基礎となる第1段階は「生理的欲求」。つまり食欲などです。

「食事をするのが嫌い」という人はいないと思いますが、「何を食べているか」をイメージすることで、欲望に強い刺激を与えることができます。

おそらく「寿司を食べたい」「ステーキを食べたい」と思い描き、それを実現するのは簡単でしょう。でも、「どんな場で、誰と食事をしているか」など、イメージを広げれば、

願望はどんどん広がっていきます。

たとえば、「海辺でおいしい魚介類を食べる」というイメージから、最終的には湘南などの海の見える家で、快適に過ごす願望にたどりつくかもしれません。あるいは理想の伴侶や、出会いたい恋愛対象の具体像が描けることもあるでしょう。

人間のいちばん本質的な欲である「食」ですから、そこからイメージを広げるのは、強い動機になりやすいのです。

⑤ 理想的な「自分の仕事」をイメージする

ビジネスパーソンの方であれば、「自分が将来においてどんなふうに仕事をしたい」とか、「自分の仕事をどう変えたい」ということは、何度もイメージしたことがあると思います。

それでも現状が変わらないとすれば、大きな理由は2つあります。

第一は、前章で述べたように「ムリだ」というブロックがかかっているから。

たとえば、「自分の力で新しいプロジェクトを始めたいな」と思い描いても、すぐ「うちの会社ではムリだな」と考えてしまう。ならば「転職しようか」と思えば、「いまは不況だから、雇ってくれるところは少ないだろうな」なんて、思い留めてしまう。

これでは何を願ったところで、先に進めるわけがありません。ですから、「理想的な自分の仕事」をイメージする際は、「できるわけがない」という制限をまったく外して考える必要があります。

第二の理由はこれと逆で、たとえば「いまの仕事で収入が10倍になったなら」とか、「自分で会社をつくれたなら」と思い描いても、まるでどこかのベンチャー社長の気分になるだけで、現状の仕事とまったくリンクしていないのです。

それでは願っているだけで、誰かが「これで好きな仕事を始めなよ」と、ポンと大金を渡してくれるような奇跡は、起こるわけもありません。

でも、「これで好きな仕事を始めなよ」と、お金をくれるシチュエーションがあるとすれば、どんな状況で起こりえるでしょうか？

いまの仕事で成果を出し、それがお金持ちのクライアントに認められるとか。あるいは、セミナーなどで出会った人脈から「君になら任せてもいいかもな」と思われるとか。

つまり、「制限を外した理想」と「現在を延長させた理想」は、まったく矛盾することではないのです。

仕事をして何年も経っている人であれば、その「知識の貯蔵庫」には、自分の仕事を通して培《つちか》った経験や情報が満載されているはず。もっとそれを活かすことを考えてみましょう。

⑥ 理想的な「人間関係」をイメージする

上質な人とかかわるようになれば、人は上質になります。一流の人とかかわるようになれば、人は一流になります。

ですから、「こんな人とつき合いたい」という高いイメージを抱くことは非常に重要なのです。それが潜在意識にインプットされれば、自然にあなたは、そういう人を選択して、かかわっていくようになるでしょう。

ただ、ずっと変わらない、いつもどおりの人間関係しか持っていない人は、「いい人間関係をイメージしなさい」と言われても、具体的な人物像が見えてこないと思います。

そんな曖昧な状態なのに、「成功者人脈だ」とか「セレブ人脈だ」と、やたらレベルの高いものに手を出そうとするから、交流会やセミナーなどに高いお金ばかりを払って何も得るものがない結果になるのです。

ですから人間関係は、まず自分の狭い世界から飛び出し、たくさんの人と接しながら、イメージをよりハッキリさせていくことが大切になります。

また、自分のメリットや自分の学びだけにとらわれず、「相手に対して何ができるか」も人間関係においては考えていかなければいけません。

逆にイメージを高め、自分自身を高めていけば、いまかかわっている人間関係が、あなたにつられて成長し、理想の人間関係に近づいていくこともあります。

いずれにしろ待っているだけでは、いい人間関係はできないと認識しましょう。

⑦ 理想的な「家族や友人」をイメージする

自分自身が、どんな家族や友人関係に囲まれているか。これをイメージしておくのも、潜在意識の中に強い願望を植え付けます。

家族は、自分自身が帰るべき場所。友人関係は、たえず自分を力づけてくれる存在です。

ですから、いま自分の家族がある方も、これから家族をつくる方も、思いっきり幸せな家族像や友人関係を思い描いてみるといいでしょう。

ただ、イメージの中で幸福になるのは、あくまで自分自身です。

たとえば子どもがいる方の場合、将来のイメージとして、そのお子さんが幸福になっている姿を理想にすることがあります。その子がいい大学を出て、いい会社に入って、いい生活を送って……と。

気持ちはわからなくないのですが、お子さんの幸せは、あくまでお子さんが決めること。あなたが理想に描く幸福像で子どもが幸せになるとは限らないし、そもそもあなたの潜在意識がお子さんに行動をうながすわけでもないのです。

かえって矯正されることで、お子さんの潜在意識に、「こうしなきゃならないんだ」というブレーキがかかってしまうこともあります。

ですからあくまで、家族や友人に囲まれ、「自分がどうしているか」「自分がどんな気持ちになっているか」をイメージするのが大事なことです。

ある方は自分が死んだとき、家族や大勢の友人たちが集まって、生前の偉業を讃えてくれるのを生涯の目標としました。そんな願望の描き方をするなら、潜在意識はそうなるよう、あなたを動かしてくれるでしょう。

⑧ 理想的な「癒し」をイメージする

自分自身が活躍しているイメージや、あるいは家族を含めた理想の人間関係を思い描けても、自分が将来においてリラックスしている様子を思い描くことは、なかなか機会がないでしょう。けれどもこれは重要で、本当に幸福を感じる瞬間は、何より「心の平安が保たれている状態にあるとき」という人も少なくないのです。そんな人が忙しく仕事で成功している状態をイメージしても、潜在意識は活発に反応しません。

いま、あなたがリラックスしているときは、どんなときなのか？

部屋でゆっくりしているときだとすれば、その部屋がどうなれば、もっと快適になるか？

空間や経済的な制約を超え、思いっきり広く想像してみましょう。

海岸にある白い家でもいい。夜景の美しいタワーマンションの最上階でもいい。森の中にあるコテージでもいいのです。

それを心から「いいな！」と思えれば、その瞬間からあなたの潜在意識は動き出します。

初恋のときの情熱を呼び戻す

8つのイメージを思い浮かべていただきました。

これで、あなたが心から「かなえたい！」と思うような強い願望は、浮き彫りになったでしょうか？

願望とは、決して論理的なものではありません。

だから、いくら「こういうふうになれば、世の中では成功者とみなされる」とか、「こういう生活なら、みんなが羨ましがるだろう」と考えた結果の「理想」をつくったところで、潜在意識は動いてくれないのです。

本で読んだ成功者の生活でも、テレビドラマに描かれた理想の家族像でも、心から「欲しい」とあなたの潜在意識に火がつかない限り、「知識の貯蔵庫」に必要な情報は集まってくることはありません。

必要なのは「情熱」です。

たとえば、「初恋のときの気持ち」「クラスで好きだった、あの異性のこと」と言われると、あなたは思い返すことができるでしょうか？

どうしてそんなに恋い焦がれるのかわからないけど、気がつくと、いつもその人のことばかり考えてしまう……。

「この恋は、私なんかじゃうまくいくわけがない」と、心では思っているのに、どうしても好きな気持ちを打ち消すことができない……。

だからとても切なくて、ほかのことがまるで考えられなくなってしまう……。

その理由は、潜在意識が強く求めるからなのです。

自分が実現させたいことに、ここまでの情熱が持てれば、やはり潜在意識は一生懸命にそれを実現させようとします。

初恋のころと違って、いまのあなたにはノウハウを収集する術も、計画を立てていく思考力も、助けてくれる人間関係をつくれる力もある。

だから実現不可能なことなど、何もないのが現実です。

でも、難しいのは根本の情熱を持つこと。

それには一体、どうすればいいでしょうか？


ヒントはやはり、「初恋のときのこと」にあります。

よっぽどでなければ、初恋の相手というのは、あなたの身近にいる人だったでしょう。

つまり人はそれに接し、直に目で見るのはもちろん、五感を通して刺激されたものに強い憧れを抱くのです。

だから「海辺の豪邸に住みたい」と思っても、頭の中で想像するだけの豪邸では、強い欲望は生まれません。「フェラーリに乗りたい」と思っても、写真で見るだけでは、潜在意識は反応しません。

ならば答えは簡単で、海辺の豪邸を実際に観に行けばいい。フェラーリのディーラーに見学に行けばいいのです。

まったく難しいことではありません。

理想の仕事を目で見て、憧れの対象を見つけ、観察してみる。

交友関係を広げ、さまざまな場所に進出し、情報をたくさん集めて「情熱的に求められるもの」を探していけばいいのです。

「そんなものあるわけがない」というのは、あなたの潜在意識にブレーキがかかっているから。あなたはまだ、世の中のすべてのものを見たわけでないし、あらゆるものを試したわけではないでしょう。

心に火をつけるものは、必ずあるはずです。

「こうなったらスゴい！」をどれだけ想像できるか？

フットワークを軽くして、あらゆるものを体感しに行く……というのは重要ですが、潜在意識に火をつける願望は、身近にもたくさんあることを忘れてはいけません。

とくに仕事を考えれば、「もっとこうなりたい」とか、「こういうことをしてみたい」という感情は、実際の経験を通してしか感じられないわけです。

その意味では、もっと日常の仕事に感性をもって、想像力をはたらかせながら臨むことが大切になるでしょう。

実際、私自身も仕事を通して、願望を広げていったところがあります。

私の本業は歯科医師ですから、患者さんと向き合い、治療をすることが仕事です。

でも勉強し、さまざまな業界でやっていることを見れば、「もっとこういうこともできるのではないか」とか、「もっとこうなりたいな」という憧れが生まれます。

たとえば、ソフトバンクといえば、もともとはパソコンのソフトを扱っていた会社です。

でも、

「インターネットが速くなれば、パソコンも便利になるな」

「パソコンと同じことが、携帯電話でもできたら便利だよね」

「パソコンも携帯も電気で動くんだから、それも扱えたらいいな」

と、想像力をはたらかせれば、いろいろな「やりたいこと」が生まれてきます。会長の孫正義さんは、それを1つひとつ、実現させていったわけです。


仕事における願望を広げるヒントは「影響力」にあるのではないかと、私は思っています。

地位やお金を目標にすると、仕事というのは、ある程度のレベルで止まってしまいます。

でも、「より多くの人を喜ばせるように」とか、「より多くの人から感謝されるように」

と、人に影響を与えることを考えれば、これはキリがないわけです。

歯科医師をやりながら、本を書けばもっと、人に影響を与えられる。本だけでなく、講演もすれば、もっと影響を与えられる……。

そう考えていけば、願望は留まるところを知りません。はてしなく大きな夢へと広がっていきます。

潜在意識は、こうした何とも表現しにくいけれど、「できたらすごい！」とか、「面白いことになるぞ」という、ワクワク感に強く刺激されるのです。

幕末の坂本龍馬は、まさに「世界の海援隊をつくるぞ！」という言葉で多くの人を動かしたのですが、まさに際限のない夢だからこそ、彼は強い推進力を発揮したのでしょう。

ですから、まずは目の前のことに想像力をはたらかせることが第一歩。

もっともっと欲を描いて、自分の仕事と向き合ってみてください。

Column

自分を変えるパワーアファメーション

筆者が日常で活用している、潜在意識を高レベルに保つための言葉です。ぜひ毎日、口にするようにしてみてください。

1

「私は夢を実現するだけの時間、エネルギー、知恵、お金をもっている」

2

「私は常に本気で、一切の妥協はしない」

3

「私には、あふれるエネルギーと熱意があります」

4

「私の生き方は、必ず多くの人に応援される」

Chapter

4

自分を変えるために「やってはいけない」こと

言葉ぐせ、思考ぐせ、習慣のくせをなくす

前章では、過去の経験と照らし合わせながら、自分の願望を探し出す作業をしてみました。

それで強烈な願望が見つかった人は、その思いを強化していけば、潜在意識がその実現へ向けて動き出します。

そこまで強い情熱を持てる願望が見つからなかった……という人も、「とにかく何か自分をかり立てるものを見つけよう」という気持ちにはなったでしょう。

日常でやるべきことにしっかり向き合いながら、自分は「こういうことをしたいんだな」ということを認識していく。交遊関係を広げ、行動範囲を広くし、レーダーを張って、自

分の心をかり立てるものを探していく。

いまは試行錯誤でも、感性をどんどん高めていけば、やがて自分の求めるものは見つかるはずです。別に焦る必要はありません。

ただ、とくに強い情熱が燃え上がらなければ、述べたように世の中は、ネガティブな情報にあふれています。

14万8000回のネガティブな言葉が、あなたの願望を「実現するわけがないよ」と、打ち消しにかかってきます。

それを打破して、望みを実現させる「知識の貯蔵庫」を潜在意識につくっていくには、それなりの対策をしておかなければいけません。

対策は当然、顕在意識で、あなたがしっかりできること。

それは、言葉、思考、行動の3つに対する習慣づくりになってきます。

世の中は、「成功するための習慣」といったノウハウにあふれています。ところが、それでも多くの人が成功できないのは、何かをやっても結局のところ、潜在意識に否定要素が入ってきてしまうから。

成功するためのノウハウなんて、本当のところ重要ではありません。

なぜなら否定要素さえ入らなければ、潜在意識の中の「知識の貯蔵庫」は、自動的にあなたを願望の実現に導くからです。

ですから重要なのは、否定要素が入らないようにブロックすること。

「やるべきこと」より、「やってはいけないこと」のほうが重要になるわけです。

この「やってはいけないこと」も、本や講演などで、私は折りにふれて述べています。

というのも、「引き寄せの法則」だろうが「成功哲学」だろうが、すべては潜在意識の力を活かす以上、結果を出すためにやるべきことは変わらないからです。

だから既刊で述べていることと重複する部分もありますが、ここでは「言葉」「思考」「行動」に分けて、かいつまんで「最低限、やってはいけないこと」を、ピックアップしていきましょう。

「否定」は一切、やめましょう

まず「言葉」ですが、これは最も簡単で、とにかく「否定をやめる」ということです。

すべて「肯定する」ということを意識して、自分の言葉を発するようにしましょう。

なぜそこまで否定を避けるべきかといえば、そもそも潜在意識は、主語が誰かということを認識しないからです。

つまり、あなたが誰かの意見に対して「できない」と言えば、それは自分の潜在意識に「できない」と呼びかける言葉として作用していきます。

他人に対して「できない」「ダメだ」「よくない」「いいえ」と言えば言うほど、結果的には自分にダメ出しをすることになる……。

そんなことを言っても、ダメなものはダメだし、否定しなきゃいけないものもあるのではないか？　はたしてそうでしょうか。日本語はとくにですが、否定の言葉を使わなくたって、あなたの意思を伝えることは十分にできます。

たとえば、部下にレポートのやり直しをさせる。

「これじゃあダメだよ。ここを書き直して、もう1回提出して！」と言う。

これは明らかに「否定」ですね。

ならば、こう言ったらどうでしょう？

「ありがとう。よく提出してくれた！　でも、ここだけ直したらもっとよくなるから、修正してくれないか？」

内容的には同じこと。でも、部下は否定されていませんね。

しかもあなたの潜在意識には、ちゃんと「肯定の言葉」がインプットされるだけではありません。部下だって喜んで、レポートを提出して、よりいいものを書いてくるでしょう。

逆に前者であれば、「こっちは休日返上でがんばっているのになあ」なんて、不満を溜めてしまうかもしれません。

このようにコミュニケーションは、「否定抜き」にしたって十分に成り立つのです。

極端な話、あなたが女性であるとして、「あなたは男性ですか?」と質問されたとしましょう。もちろん、答えは「いいえ」ですが、これを「はい。男に見えますか? 私は女性ですよ」と言ったって、答えは正しいわけです。

すぐに否定の言葉を言う人は、前提として「拒否する」「排除する」という習慣が、言葉ぐせとして定着してしまっている可能性があります。

これは潜在意識で、「あらゆるものを拒否しよう」という反応が起こっているということ。だからポジティブ情報すら、疑いの目で認識してしまいます。

だから、「あえて肯定の言葉を使う」のは、潜在意識のソフトを入れ替えるためにも有効なのです。

そのほか、人とのコミュニケーションや言葉を使って潜在意識を動かす方法は、いくつかあります。それについては後述していきましょう。

捨てるべき「7つの思考ぐせ」

次は、願望達成のために動き出した潜在意識にマイナス要素を吹き込み、いつのまにか「知識の貯蔵庫」をネガティブ情報でいっぱいにしてしまう「思考ぐせ」です。

困ったことに、この思考ぐせは、「それが当たり前だ」と考えてしまっている人が多いのです。結果、願望をかなえることがしんどくなったり、「もう、いいや」という、あきらめの気持ちが起こります。

そこで改めて欲しいのは、次の7つの思考ぐせ。基本的には「不幸を引き寄せる7つの考え方」として、『「どうせ私は」を、やめてみる。』(日本経済新聞出版社)という本で紹介したものです。

ここでは潜在意識のはたらきに絞って、紹介をしていきましょう。

①「願望をかなえるのに苦労は必要だ」を捨てる

たとえば仕事の成功を考えたとき、多くの人はつらい努力が必要なものと考えます。

大学入試を経験した人であれば、たいていは1年以上を、しんどい受験勉強に費やしているでしょう。そんなイメージで「何かを成し遂げるのには苦労がつきものだ」という思考が、潜在意識にもしっかり根づいているわけです。

でも、はっきり言えば、これは間違いです。

成功した人を見れば、人一倍の努力をしていることは確かでしょう。アスリートなどを見れば、ラクをして一流になった人など、ほとんどいないと思います。

ただ、その努力というのは、潜在意識の導くまま「気づいたらやっていた」というだけのもので、本人たちに「努力している」という自覚はありません。

つまり成功した人にとっては、その努力に対して、「苦労した」とか「つらさを耐え忍んだ」といった悲壮感はまったくないのです。

「好きなことをやっていると、人からそれを〝努力〟といわれても、自分ではそう思わないんですよね」

こちらはイチロー選手の言葉です。そのほか大谷翔平選手や羽生結弦選手などを見ても、むしろ練習を楽しんでいるようにすら見えます。

一方で、「願望をかなえるためには、つらい努力が必要だ」などと思っていると、とにかくストイックになりすぎて、やがて心が折れてしまうことになります。

また、「がんばった」とか「一生懸命にやった」と、苦労したこと自体で自己満足してしまう人が非常に多いのです。これはとてももったいないことです。

潜在意識があなたにうながすのは、楽しい努力であり、苦労することではまったくありません。その点では、どんな願いも「自然に実現できるもの」と考えていればいいでしょう。

②「願望をかなえるのに対価は必要だ」を捨てる

「何かを得るためには、何かを犠牲にしなくてはいけない」と信じ込んでいる人がいます。

たとえば仕事で出世することを目標にして、「そのためには恋愛している時間なんてないな」と思い込む。結果、仕事は順調に成功段階を上り詰めるのですが、ふと気づくと周りの人々が家庭を持って幸せになっている。

「自分はいったい、何をやっているんだろう……」

次第にそう思うようになって、潜在意識にブレーキがかかってしまう。結果、仕事でも幸せを感じられなくなっていきます。

「二兎を追うものは一兎をも得ず」などという諺《ことわざ》がありますが、潜在意識のパワーからすれば、これはまったくの間違いです。

私たちは、いくつもの願いをかなえる高性能のナビゲーターを脳に内蔵しているのです。

というのも、潜在意識の最終目標は、「あなたが幸せになるように」ということですから、何かを犠牲にした幸せなど、ありえるわけがないのです。

実際、本当の成功者というのは、仕事でも成功していれば、人間関係や恋愛でも幸せを満喫しているし、遊びや趣味でも楽しい時間を過ごしています。

「1日は誰でも24時間ですから、そんなにすべてのことを実現できるわけがない」

そう思うかもしれませんが、すべてのことがうまくいくイメージができていれば、「いまは恋愛にとって大事なときだぞ」とか「ここは仕事に集中だ」などと、潜在意識で勝手にタイミングを判断して、「その時間に何をすべきか」という選択をうながすのです。

だからすべてのことが、望むようになっていきます。

逆に最初から、「これはあきらめなければいけない」などと思ってしまったら、潜在意識はそのための情報を拾わなくなります。「知識の貯蔵庫」にあきらめたことの情報は蓄積されませんから、とても危険な考え方なのです。

③「ときにはあきらめも必要だ」を捨てる

「これはあきらめなければいけない」と思ってしまったら、潜在意識はそのための情報を拾わなくなる」と言いました。

だから、「ここらが潮時だな」とか、「いつまでも執着してちゃいけないな」などと、あきらめの感情を持つのはよくありません。「人生はあきらめが肝心だ」なんて、とんでもない話です。

これは「どんなに苦労しても、夢をずっと追い続けなさい」といった、ストイックな話ではありません。

たとえば60代や70代など、壮年期や老年期に入ってから、作家デビューをする人がいます。それができたのは、人生においてさまざまな他の願望を実現しながら、それでも心の片隅に「いつか作家になるぞ」と思い続けてきたからでしょう。

このように潜在意識に願望が組み込まれている限り、「知識の貯蔵庫」は活動を停止せず、絶好のチャンスを探し続けるのです。

「もうこの年齢だから、あきらめなきゃ」などと考えたら、そこで活動は止まります。人生にはいろんなことが起こりますから、ときには迂回したり、願いを棚上げにする必要がある時期だって出てくるでしょう。それでもあきらめなければ、実現する機会はいずれ訪れるのです。潔《いさぎよ》くなっても、得することは何もありません。

④「目標はなんとしても達成しなければならない」を捨てる

本書をお読みの読者は、この本も自己啓発に分類されるテーマですから、「目標を達成するために読まれるもの」と認識しているでしょう。

そんな本書で、「別に目標を達成する必要はないよ」などと言ってしまったら、いったいどのように思うでしょうか？

けれども、この「目標を達成するべきだ」という考え方も、悪い思考ぐせなのです。

そもそも「願望」と「目標」は、もって異なるものです。

「願望」というのは、あなたの本心が望むもので、潜在意識に組み込まれて顕在意識を突き動かすもの。そのメカニズムは、これまでに本書で述べてきたとおりです。

一方で「目標」というのは、「私は生涯、こういうことをやる」とか「今年はこれをやろう」と顕在意識で理論づけて決めるもの。それが「願望」と一致していれば、潜在意識は達成に向けて動いていくでしょう。

けれども、心から「願望」にしていないことを「目標」に据えてしまう人は多いのです。「世の中に貢献しよう」などと大きな目標を掲げる人には、案外とその傾向があります。

もちろん目標は目標として、置いておいてもいい。

ただ、潜在意識がキャッチした「面白そうなこと」には食いついてもいいのではないでしょうか。

たとえば、あなたが「経営者になる」という目標を掲げているとして、一生懸命にそのための勉強をしているとしましょう。そんな中、あなたは歴史の勉強会に招待されました。とても興味はあるけれど、自分のやるべきこととは違っている。だからスルーしよう……と。それで「仕方ないな」なんてあきらめていては、「経営者になる」という目標にもストレスがかかってきます。

寄り道をしてみれば、そこにはあなたが本当に求めている願望があるかもしれない。ハンドルの遊びではありませんが、もっとゆとりをもって自分の人生をつくっていきましょう。「目標」という言葉に、惑わされてはいけません。

⑤「1日は誰にとっても24時間しかない」を捨てる

先ほども述べました。「誰にとっても24時間しかない」とは、一見すると、非常に当たり前のことを言っているように思えます。

けれども世の中の人は、この24時間にとらわれすぎているのです。だから「効率が大事だ」といって、優先順位が低そうに見えることをことごとく消去していく。

結果、決めたことはできたかもしれませんが、なんとなく満たされない日々が続いていきます。

それもそのはずで、効率性にとらわれることは、それだけ潜在意識に多くのことをあきらめさせているのです。満たされた幸せな気持ちになれるわけがありません。

述べたように潜在意識は、夢がいくつあっても、1つひとつの夢に反応していくのです。

だからたくさんの夢がある人は、1つの仕事をしているときに、たとえば「仕事で成功するための情報」も「家族を幸せにする情報」も「休日を満喫する情報」も、同時に拾っていきます。

そうすると1日24時間とはいえ、潜在意識の活動には雲泥の差が出てくるでしょう。

同じ時間を生きながら、潜在意識には何日分もの成果が集まっている。私たちの潜在意識には、そもそも時間の概念などがないのです。

だから人生を短く考えるのは、やめましょう。

大切なのは何より「密度」なのです。

⑥「ありのままの自分でいい」を捨てる

「ありのままの自分でいい」とは、当たり前のように言われることです。かつてSMAPは、「あなたはそのままで世界に1つだけの花だ」という趣旨の歌を歌いましたし、数年前は『アナと雪の女王』で「ありのままで（Let It Go）」という主題歌が流行しました。

自己啓発の本でも、「ありのままの自分を認めなさい」とは、よく言われます。確かに本書でも、自分を肯定することの重要性は述べてきました。

でも、「ありのままの自分で、いいじゃないか」という思考は、私は危険だと思っているのです。

それは潜在意識の中にある、「成長したい」という意欲を奪ってしまうからです。

そもそも「ありのままの自分」とは、何でしょうか？

これは非常に難しい問題で、それこそ古代ギリシャの時代から、哲学者たちは「自分とは何か」を追究してきました。

それくらい「自分を知る」というのは、難しいこと。どんな可能性を自分が持っているのかも、本当のところ私たちは理解していないのです。

それなのに「ありのままでいい」と思い込むのは、すべての可能性を放棄してしまうことにつながってしまいます。

私たちはつねに発展途上の存在であり、「いまのありのまま」と「1年後のありのまま」が同じでは困ります。

顕在意識というのは「理屈」ですから、あらゆる願望を打ち消して「ありのままで生きよう」と自分に言い聞かせることはできるのです。けれども、潜在意識の底でくすぶっている願望は、やがて現状への不満となって表れてくるでしょう。

もちろん、いまのあなたはそのままで輝いた存在であり、否定されるべきものは何もありません。だからこそ、「いまよりももっと輝く」という意識は、つねに持っていていただきたいのです。

⑦「気が合う人とつき合おう」を捨てる

世の中には、自分と気が合わない人も多い。人生において幸せな人間関係をつくりたいなら、気が合わない人は極力遠ざけ、気楽な仲間たちとつき合っていこう……。

一見、この考え方は、正しいように見えます。

もちろん嫌いな人と、ムリをしてつき合う必要はありません。それではストレスも溜まるし、つき合ったところでプラスになることが少ないのも事実でしょう。

ただ、自分自身のレベルを高めるチャンスや、知らなかった世界を知る機会は、自分とは気の合わない人からやってくることが多いのです。

それは自分と違う世界に生き、違う価値観を持っているから。そういう人との接触を避けてばかりいれば、あなたの世界はごく身近な人づき合いの枠に終始してしまいます。

とくに仕事においては、レベルの高い人ほど個性の強い人が多いのも事実です。チャンスをつかむには、そういう相手の懐に入ることも、ときには必要になってくるでしょう。

潜在意識に「嫌だ」とか「苦手だ」という感情がインプットされると、とかく人は相手とのコミュニケーションを自然と避けるようになってしまうものです。そういう人は、もっと人間関係をゆるやかに考える必要があるのではないでしょうか。

別に人間関係をつくるといっても、必ずしも相手を好きになる必要はありません。ただ、

「相手から話を聞こう」と考えるだけでいいのです。

私自身、とくに人と会った際には、「話を聞く」ということに熱心になってきました。皆が苦手にしている人にも、積極的に相手が考えていることを聞こうとする。

すると意外に自分が知らなかった面白いことを教えてもらったりして、自分の世界が広くなるのを感じます。

それで話を聞くことによって相手からの好感度は上がるし、自分のほうも認識をあらため、「なんで皆、あの人を避けるのかな」なんて思うようになります。

苦手な人が多い人は、「相手に自分を認めてもらおう」とか、「自分の意見を通そう」という気持ちが強いのだと思います。

それよりも「どんな人からでも、いろんなことを学んで成長しよう」と考えたほうが、得することはとても多いのです。

身につけてはいけない7つの習慣

言葉の否定ぐせ、思考のくせと紹介しましたが、最後は行動のくせ。すなわち、毎日の習慣です。

こちらの基本は、実際に私がおこなっている潜在意識のトレーニングで、皆さんに実行してもらっているもの。きちんと守って習慣を修正した人は、やはり結果が出ています。無意識に発せられる言葉や思考と違って、行動のくせというのは、顕在意識で決めてしまえば、すぐに止められるもの。あとはあなたの意志次第でしょう。

一般的に私たちの行動は、21日で習慣に根づくと言われます。

つまり、いま悪い習慣が染み付いているとしても、21日間を使って矯正すれば、新しい習慣に切り替わるということです。

だから「ムリだ」なんて否定せず、できればいますぐにでも、挑戦していただきたいと思います。では、それぞれ見ていきましょう。

① 不健康な生活をする

健康的な生活をすることが大事なのは、誰でもがよく認識していることでしょう。

でも、それが潜在意識にも重要な影響を及ぼすということは、多くの人が理解できていません。

当たり前ですが、脳だって私たちの体の一部です。だから健康を害すれば、脳のはたらきはにぶり、潜在意識のパワーも衰えます。

それに体調が悪くなれば、私たちの思考はネガティブに偏りがちです。風邪をひいているときに、いくら明るいことを考えようとしても、なかなか難しいでしょう。

ですからつねに、身体には気を遣うべき。とくに次のような習慣は、改善すべきものになります。

（1）運動不足

運動不足は、健康に悪いだけではありません。

たとえばウォーキングやジョギングなどの運動をしたとき、脳内ではベータエンドルフィンなど快適な状態をつくるホルモンや、セロトニンのような精神をリラックスさせるホルモンが分泌されます。これらは潜在意識の活動にも非常にいい働きをうながすでしょう。

とくに自分を否定しがちな人ほど、積極的に運動することをおススメします。

（2）睡眠不足

当然、寝不足というのも、脳にとってはいい作用をもたらしません。

そもそも人間というのは、眠っているときに脳内情報の整理をおこなっているのです。

その過程で「知識の貯蔵庫」もつくられていくのですが、肝心の睡眠が十分でないなら、それも中途半端に終わってしまいます。

夜に寝る前に自分の願望を確認し、あとはゆっくり眠れば、朝には潜在意識にスイッチが入っています。余計な計画を立てるより快眠したほうが、よっぽど目標はかないやすいのです。

（3）不健康な食事をする

体にいいものを食べるのも、もちろん潜在意識にとって重要なことです。

潜在意識のエネルギー源は、別に神秘的なものではなく、私たちがふだん食事として食べているものなのです。栄養が血液を通して脳に送られ、脳の細胞が私たちの意識をつくっているわけです。当然、良質なものを食べれば、脳は良質な活動ができますし、そうでなければ、脳を害するものも溜まっていくでしょう。

とくにイライラするときなど、人は甘いものを食べたがりますが、これは中毒のような依存状態を脳にもたらすだけ。かえって潜在意識の活動を阻害します。

とくにファーストフードの食事が多い人や間食が多い人は、ぜひこの機会に健康的な食生活に改善することをおススメします。

②ストレスの多い生活を続ける

健康の問題にもかかわりますが、ストレスというのも潜在意識の活動を妨げる要因です。

できるだけストレスのかからない毎日を過ごすようにしていくべきでしょう。

そうはいっても、職場にはさまざまなストレスがある。人間関係や職責に対するプレッシャーなど、私たちがストレスゼロで生活することなどできません。

でも、何よりよくないのは「ストレスを溜める」ということです。

とくに強いストレスを抱えている人ほど、「やらなきゃいけない」とムリをして、精神への負担を過剰にしていく傾向があります。

大切なのはしっかり休息をとり、気分転換をして、心をリラックスさせること。

それができるためには、完璧主義を捨てることが大事になります。そのことはあとで説明します。

ストレスは現代において、もっとも健康を害する要因になるものです。

もし悩みなどを感じるのであれば、決してその問題を軽んじず、メンタルチェックなどをするほうがいいでしょう。

たとえば「うつ」のような傾向があれば、いくらポジティブな願望を持とうとしても、潜在意識がそれを拒否してしまいます。願いをかなえる前に、まず体を治すことを先にしなければなりません。

③ ムダの多い生活をする

ストレスの原因となる大きな要素に、「いつも時間に追われてしまっている」という問題があります。これは思考ぐせのところで述べたように、「1日は24時間」「時間がない」と、余裕がなくなっていることが大きな理由です。

もっと大局的に物事を考え、心を落ち着かせることが第一でしょう。

もう1つ実際的な話をすれば、「そもそも、ムダなことに費やしている時間が多すぎる」ということがあります。

この際、ムダなことをやっている時間を1つひとつ見直し、毎日の習慣から取り除いていくことを考えるべきです。

一般的に、ムダな時間として考えられるものには、次のようなものがあります。

（1）仕事のムダ

意味のない仕事をしていないか。必要のない仕事をしていないか。たとえば連絡事項だけの会議もそうでしょうし、上司の立場にある人は、部下に任せればいい仕事をわざわざ抱えて、余計な頭を使っていることもあります。

こうしたものを効率化してしまえば、もっと潜在意識を自分の願望に集中させることができるでしょう。

（2）情報収集のムダ

とくにスマホがいつも手元にある時代になってからは、たえずアクセスして、何かの情報を得ないと気が済まなくなっている人が多くいます。

SNSの情報が、いつも気になっているという人も多いでしょう。

けれども、ネットから入る情報のほとんどは、あなたの願望と関係ないものです。

「知識の貯蔵庫」を活発にはたらかせるためにも、スマホを遠ざける時間をときどきつくるのは有効でしょう。これはもちろんパソコンを通じても同じですし、テレビや雑誌の情報にも言えることです。

（3）投資のムダ

余計なことにお金を使っていないか？　たとえば有名な先生のセミナーでも、自分の成長に役立たないのであれば、ムリに参加する必要はありません。

お金のことより、むしろ貴重な時間を奪われないために、これらも積極的に削っていくべきでしょう。

（4）人間関係のムダ

たとえば会社の愚痴を言い合うだけの関係など、つき合うたびに潜在意識にマイナスのスイッチを入れるような人間関係があります。自分の願望を実現したいならば、こうした場からは、距離を置いたほうが賢明なのは確かでしょう。

人間関係というのは、本来、あなたのステージが上がるにつれて変化していくものです。その意味では、たとえ学生時代の仲間であっても、あなたにとってネガティブな作用しかもたらさないのであれば、固執するべきでないと思います。

④ 四角四面に窮屈な生活をする

ムダを除くという話を③ではしましたが、そういうことを言うと、「これはやっちゃいけないことだ」と四角四面にものを考え、徹底的にムダを排除しようとする人がいます。

これはむしろ、ストレスを溜める原因になるでしょう。

思考ぐせのところでも述べたように、あなたが「これは面白そうだ」と感じるものは、本来の願望につながる情報を潜在意識が拾っている可能性もあるのです。

それを、「これは自分の目標と関係ない」「ムダなものだ」と、ことごとく排除していけば、可能性はどんどん失われていきます。

ですから、ある程度のムダには、寛容になっていくことも大切なのです。

⑤ 完璧主義の生活をする

四角四面に考える人には、物事を完璧にやらないと気が済まない性格の人が多くいるものです。

けれども、これはストレスのもとです。

「思った通りにできなかった」と自己否定ばかりを繰り返し、潜在意識の活動にブレーキをかけ続けることになってしまいます。

とくに本書のような本を読むと、完璧主義の人は、とかくすべてをその通りに実行しないと気が済まなくなるのです。

しかし人それぞれに置かれた環境は異なりますし、人間関係も一様ではありません。大切なことは自分にできるやり方で、アレンジを加えていくことなのです。

すべてを完璧に実行しなくても、願望はちゃんとかないます。

だから何も心配はせず、自分が楽しめるように習慣の改善を、はかっていくようにしてください。

不安やしんどさ、いら立ちや悔しさを抱えることになったら、かえって願いはかなわなくなってしまうのです。

⑥ 他人との勝ち負けにこだわり過ぎる

他人より優位に立とうとするのも、潜在意識には悪影響を及ぼします。あなたにそうした傾向があるならば、ふだんの行動をあらためていくようにしたほうがいいでしょう。

実際、あなたが「競争相手に勝ちたい」と願えば、潜在意識はそのための情報を拾い、「知識の貯蔵庫」をつくっていきます。

でも、あなたの潜在意識は、競争相手の心を動かせるわけではないのです。

だからどんなに潜在意識が「相手に勝つ行動」をあなたにとらせたとしても、結果的に勝てるとは限りません。

人は原則的に、自分の力でできることしか達成はできないのですから。

すると勝てなかった場合、妬みだったり、憎しみだったり、敗北感などのネガティブな感情で潜在意識はいっぱいになってしまいます。

これではその先に何を願っても、マイナスなことしか起こらないでしょう。

それに潜在意識には、「いい」も「悪い」もないのですから、競争相手に勝つことばかりの人は、相手の足を引っ張ったり、気づいたらルール破りをしていたということもよくあります。

世の中の愚かな不祥事というのは、案外とこうしたメカニズムで起こってしまうことが多いのです。

「悪いこととは知りつつも、ついつい魔がさしてしまった」と、まるで自分の意思ではないように事情を説明するのは、潜在意識に誘導されたことが大きな理由でしょう。

そもそも「相手に勝つ」ということは、どんな人にとっても、本質的な願いではないはずです。

仕事でも、あるいは恋愛などでも、「本当に望むものは何なのか」をよくわきまえて行動しないと、仮に競争に勝ったとしても、あとで不幸を招くことがあります。3章で述べたことを思い出し、自分が理想とするものをまず明らかにすることが肝心でしょう。

⑦ 他人に依存する

自分の願望を他人に依存してはいけません。

たとえば、「子どもが成功することが私の願望だ」とか、「○○さんと結婚することが、私の願いだ」とか。

潜在意識はあなたの中にあって、あなたの行動をうながすものです。他者の心まで動かすというのは、「その可能性もある」という程度にしか言えないことです。

とくにスピリチュアルな「引き寄せの法則」に期待する人は、自分が願うことのみによって、「誰かに認めてもらいたい」とか「相手に自分を好きになってほしい」と期待するところがあります。

行動がともなっていないから何も起こらないのですが、その結果、「どうしてなんだ」「こんなに強く願っているのに」と不満を高め、かえって潜在意識をマイナスの感情でいっぱいにしている人が多いのです。これは悪循環でしかありません。

「誰かが何かをかなえてくれる」というのは、他者依存の習慣。

その傾向がある人は、ふだんでも家族に頼りっきりになっていたり、仕事では上司などに頼りっきりになっていたりと、自分でものごとを解決しようとする姿勢が足りないことが多いようです。

ですから、まずは何ごとも「自分で解決する」という習慣をつくっていきましょう。

自分の幸せは、最終的には自分でつくっていくしかないことを忘れないでください。

Column

自分を変えるパワーアファメーション

筆者が日常で活用している、潜在意識を高レベルに保つための言葉です。ぜひ毎日、口にするようにしてみてください。

1

「私は、必ず成功するための選択と行動しかできません」

2

「私は、常に感謝の気持ちを忘れません」

3

「私には、忍耐力と持続力があります」

4

「私は、コミュニケーションの達人です」

Chapter

5

潜在意識を活性化させる「言葉」の使い方

潜在意識は「言葉」で活性化する

前章では潜在意識にブレーキをかけないために、やってはいけない「言葉ぐせ」として、否定の言葉を紹介しました。

基本的に潜在意識の中にある「知識の貯蔵庫」は、ストップのサインを出さなければ、自動であなたの願いをかなえるような行動を、あなたに対してうながしていきます。

それはまるで、自動運転をする車のナビゲーションシステムのようなものです。

ところが多くの人は自ら、このナビゲーションシステムのスイッチを止めてしまっている現実があります。

「ダメだ」とか「できない」という言葉は、まさしくストップのサインに当たります。別にあなたの側に、「ストップボタンを押したい」という意識はないでしょう。

しかし、これによって潜在意識には不安の感情がうながされ、願望をかなえる活動をゆるやかにしていくのです。

「これはあきらめたほうがいい」という判断が、潜在意識の中では起こっているわけです。

このように、発する言葉によって潜在意識に「ストップ」がかかるとすれば、逆に「ゴー」のサインを出したり、スピードアップをうながす言葉も、もちろんあります。

人との会話にしろ、あるいはメールなどの文章のコミュニケーションでも、そうした言葉を使うたびに、潜在意識は活性化するのです。

だとしたら、否定の言葉をやめたうえで、積極的にスピードアップの言葉を使っていきたいと思いませんか？

スピードアップの言葉とは、ようするにポジティブな言葉で、自分や周りを明るくする

「いい言葉」の数々です。

世の中にはむしろ、そんな言葉のほうが多いかもしれません。

もちろん、言葉には使い方があります。

本当は言うべきところなのに、多くの人は、その言葉を使っていません。

結果、スピードアップの機会を自ら逃してしまっているのです。

あなたが自分の願望を実現したいのであれば、言葉で潜在意識を活性化する機会を逃してはいけません。

本章では、言葉の使い方を中心に、「潜在意識の活動を加速させる方法」を述べていきましょう。

前向きな言葉でアファメーション

潜在意識を加速させる言葉の使い方で、最も簡単なのが「アファメーション」です。「引き寄せの法則」に詳しい方であれば、アファメーションはよくご存じでしょう。本書の各章末に載せているものが、まさに私が使っているアファメーションです。

1人で自分に向かって呼びかける言葉。広い意味でいえば、「お祈り」や「願いごと」なども含まれます。

〝自分に向かって〟とあるのがポイントで、ここで紹介するアファメーションは、自分自身の潜在意識に向かって呼びかけるもの。神様であったり、超自然的な存在に対して言葉を発するわけではありません。

だから、「願いがかないますように」ではありません。

「自分は願いに近づいている」

「私のやることはドンドンうまくいっています」

「私の目の前には素晴らしいチャンスが押し寄せています」

などと、自分に言い聞かせるように、言葉にしてハッキリ言うのがポイントです。

このアファメーションの意味は、潜在意識に生まれた不安やネガティブな要素を「書き換える」ことにあります。

1日を過ごしていると、どうしても私たちはうまくいかなかった出来事や、他人からのマイナスの言葉に遭遇します。それらは体内に入った病原菌のように、潜在意識に不安の種をばらまいてしまうのです。

「今日はうまくいかなかったな……」

「嫌な1日だったな……」

そんなため息をつくような感想で1日を終えていたら、どんどん潜在意識に「ダメだ」

という否定材料が溜まり、「知識の貯蔵庫」の活動も停滞してしまうでしょう。

だから否定の気持ちを、その日の眠る前にでも言葉で打ち消してしまうのです。

「大丈夫だ、うまくいっているぞ！」

フレーズはどんなものでもいいのですが、自分自身が望む方向へ、確実に進んでいることを言い切ってしまう。

そんなふうに思えなかったとしても、堂々と言い切ってしまいましょう。誰もいないところで構いませんから、実際に声に出して唱えてみるのです。

不思議なもので、「うまくいっている」と言ってしまえば、何があった日でも「とにかく試練を乗り越えたな」とか「大変だったけど、成長はできたな」などと、ポジティブな材料を自然に見つけるようになっていきます。

これも潜在意識の「知識の貯蔵庫」の力です。

「うまくいっている」と言ったのだから、ちゃんと潜在意識は、「うまくいったこと」を拾ってくるわけです。

朝いちばんのアファメーションで1日をつくる

アファメーションというのは、朝にやるのも効果的です。

というのも、夜の間に「うまくいっている」とアファメーションを唱えておけば、潜在意識は眠っている間に「うまくいっている状態」でリセットさせます。

そこで自分の願望をしっかり言葉にしておけば、「知識の貯蔵庫」にも起動スイッチが確実に入るでしょう。

「今日も自分は輝いている。最高の1日になる」

「自分が成長していくために、今日も素晴らしいことが起こる」

願望がはっきりしている人は、そこに自分が近づくことを具体的に言葉にしてもいいでしょう。

そうすれば、これから始まる1日の中で「知識の貯蔵庫」は、願望の実現に必要な情報を自動的に収集し、願望の実現に近づく行動を無意識にとらせるように、あなたを動かしていきます。

実際、朝というのは、その日の潜在意識の状態を決める大切な時間です。

たとえばお子さんがいる方は、朝から子どもを叱ったりすると、その日の仕事でも1日中イライラした状態が続いてしまうでしょう。

これは潜在意識に「怒り」のスイッチが入ってしまうからで、必然的に「怒らせるようなこと」を周囲の情報から拾っていくわけです。

キリスト教徒の人が朝に礼拝するのも、まず朝に心を落ち着かせ、平安の状態をつくっておく意味があるから。そうすれば潜在意識は、ずっと幸福な情報を拾っていきます。

もちろん礼拝までしなくていいのですが、とりわけ朝には、「いい言葉」をたくさん発して、気持ちのいい状態を潜在意識につくっておくことが大切でしょう。

それは誰かに「おはよう」という挨拶から、「朝ご飯、おいしいね」など、些細な言葉で構いません。

天気がよければ、「今日は最高にいい天気だね」と言っておけばいい。

逆に雨が降っていても、「今年は水不足にはなりそうにないな」とか、「農家の方は喜んでいるだろうね」「台風は上陸したんだね。でも、思ったほどはひどくないな」など、ポジティブに言うことはいくらでもできます。

新聞を読んでも、言葉にするのはあえて、いいニュースだけにしておく。

殺人事件などの記事で1日を始めるのでなく、1つでも素晴らしい記事をみつけて感心してから、仕事に出かけるようにすればいいのです。

たくさんの人がいる会社や外の世界と違って、朝であれば、家族と一緒だとしても、あなたの言葉だけでムードはいくらでも変えられます。

外に出ていけば、あらゆる言葉の毒がふってくるかもしれない。その前にしっかり、前向きな言葉で武装することを考えればいいのです。

アファメーションはいくつあってもいい

よく目標をかなえようとしてアファメーションをする人に、たくさん願いごとを唱えても散漫になってしまうから、できるだけ1つに絞ろうとする人がいます。

けれどもこれは、持ってはいけない思考ぐせで、「願望をかなえるのに『対価』は必要だ」を捨てる、ということを述べたとおり。1つのものを得るために、他の何かを犠牲にする必要など、まったくありません。

仕事、お金、人間関係、健康、家族や恋愛など、「かなえたいことがたくさんある」という人は多いと思います。

だとしたら、そのそれぞれについてアファメーションをつくり、片っ端から言葉にして唱えておけばいいのです。

潜在意識は、すべてに対して反応するでしょう。

そのように言うのも、結局何かが達成できても、人間は1つよくないことがあれば、そちらのことばかり気になってネガティブな思考に陥りがちです。

結果、あらゆるものが連鎖してうまくいかず、落ち込んでしまうことがよくあります。

今日は仕事がうまくいった、人間関係も上々だし、自分はますます魅力的になっている。収入もガンガン上がるだろうし、幸せに向けて確実に近づいているぞ……と。

あらゆることを肯定してしまえば、何か1つについて不満を持つこともなくなるのです。

アファメーションというのは、決して自己採点でないし、反省でもありません。

だから、「これはいいけど、これはよくなかった」などと、監督者のような気持ちで自己評価をくだしても、あまり意味はありません。

もちろん仕事においては結果を検証し、改善をはかっていくのは大切でしょう。

ただ、それを眠る前の潜在意識をクリーニングするときにやっても意味がないし、朝いちばんでスイッチを入れるためにやるべきことでもないのです。

むしろアファメーションは、自分の願望を何ひとつあきらめないため。あらゆることが達成に向かっているのだと、自分を貪欲にするために活用しましょう。

このことはたとえば、神社にお参りするときも同様だと思います。

「神様の前で、これだけしかお願いしなくてはいけない」ということはありません。

むしろ自分が願っているすべてのことを、お願いするのではなく、「絶対かないます」と宣言してしまう。

そうすれば神様が願いをかなえてくれなかったとしても、あなたの潜在意識が、すべての願いを実現させてくれるでしょう。

人を褒めると、悪いことが起こらなくなる

あなたがいくらポジティブな言葉を使っていても、人から言われるネガティブな言葉は避けられないのではないか？

確かに前述したように、20歳までに14万8000回と言われるほど、世の中がネガティブな言葉に満たされているという事実はあります。

けれどもこの環境も、ある程度あなたの言葉によって変えられます。それは相手に先にポジティブな言葉を送り、ポジティブな気持ちになってもらうだけ。とても簡単です。

いちばん手っ取り早いのは、「褒める」ということ。

どんなにネガティブで後ろ向きな人でも、まず開口一番で褒めてしまえば嬉しいのです。一瞬で潜在意識も切り替わってしまいますから、さっきまで落ち込んでいたとしても、会話ではもうネガティブ感情は出てきません。せいぜい「そんなことないですよ」と謙遜《けんそん》するくらいでしょう。

そんなに人を褒めるようなネタがない……と思うかもしれませんが、褒めるネタなどじつは何でもいいのです。それこそ服やカバンなどの持ち物を褒めてもいいし、仕事の相手であれば、「この前のアレ、よかったね」なんていう評価でもいい。

お客さんであれば、会社のいい情報を調べてきて、「御社は最近、好調ですね」などという褒め方もあります。たとえ自分の会社に不満を持っている人だったとしても、外部の人から褒められれば、誰でも誇らしく感じるものです。

まったく何も思いつかなかったとしても、「今日、いきいきしているね」なんて、大ざっぱでもいいのです。それで気持ちを害する人なんていません。

ようするに「人を褒める材料がない」という人は、そもそも潜在意識に「相手を褒める」という指示が入力されていないだけ。

「褒めるぞ」と認識してしまえば、いくらでも褒める要素は潜在意識が拾っていきます。

私は直接のコミュニケーションでも、SNSなどでのコミュニケーションでも、とにかく「褒める」を徹底しています。すると私の周りの人たちには、いいことばかりが起こっていくのです。これは本当に不思議な話です。

たとえば仕事で出会った起業家の方は、大きな仕事の話がきたとき、「できるかな」なんて迷っていました。そんなとき私が言うのは、「あなたにできないわけがないじゃない」という褒め言葉のみ。

「もっともっと稼げるようになるよ！」

そんなことを言って褒めたら、あとになって「1時間で600万円稼ぎました」という報告がありました。人がノッたときの力は、本当にはかりしれません。

私の知人で通販業をしている人は、セミナーに来てくれるようになって、いまは稼ぎが年間3億円です。「井上さんと会っていると運気が上がるから」と彼は言いますが、別にエネルギーを送っているわけではありません。ただ、相手の潜在意識に火をつけているだけなのです。褒めることを習慣にするだけで、あきらかに人間関係は変わっていきます。

話を聞くことで「ネガティブ」も「ポジティブ」になる

私は、コミュニケーションにおいて大事なのは、「自分が話すこと」でなく、むしろ「相手の話を聞くこと」だと思っています。

その理由は、人との関係は、「まず与えること」が大切だからです。「ギブ・アンド・テイク」でも、「ギブ＝与える」が先ですが、それどころか私に言わせれば、「ギブ・アンド・ギブ」でもいいくらい。

人と話すときに、とにかく自分の意見を言いたがる人というのは、「認めてもらおう」とか「言い分を通したい」という気持ちが強すぎるのです。

ということは、相手に何かをしてもらうことしか考えていないといえます。「テイク」のみになっているのです。

ときどき相手の意見を遮断してまで、言いたいことを話そうとする人がいますが、まさしくこれは「奪う会話」「奪い取るコミュニケーション」です。

いくら言っていることが前向きだったとしても、奪われた側がいい気持ちになるわけもありませんね。

一方で、聞き上手になっている限りは、問題はまったく起こりません。

話を聞いてもらうことは、誰にとっても喜びなのです。承認願望が満たされ、あなたへの信頼度は、どんどん上がっていきます。

でも、相手がネガティブな内容のことを言っているとき、話を聞く一方になっていたら、自分の潜在意識も汚されてしまうのでは？

そんなことはありません。

仮に相手が落ち込んでいて、悩みの相談で電話をかけてきたとしましょう。

「もうダメだ」とか「嫌になった」とか、潜在意識にブレーキをかける否定の言葉を、相手は発し続けています。

それでもあなたは、ただ黙って話を聞き、「ああ、そうなんだ」とか、「大変だね」「わかるよ」と、あいづちを打っていく。

それでどうなるかといえば、相手は「聞いてもらうこと」で承認願望が満たされるから、だんだん気持ちが前向きになっていきます。

「うんうん、聞いてもらってよかったよ」

「ありがとう。少し心が落ち着いた」

そこであなたは、はじめてプラスの言葉を投げかけてあげればいい。

「大丈夫だよ。うまくいくよ！」

こうして潜在意識は、プラスにリセットされて終わるわけです。

あなたの側はもちろん、相手の潜在意識も、ちゃんと切り替わっています。

逆に遮って自分が話そうとした場合は、これがうまくいかないのです。

「もうダメだよ」

「いや、そんなことないよ。大丈夫だよ」

「でも、ダメなんだよ。だって……」

「(話をさえぎって) 絶対、大丈夫だって！」

「そんなことないと思うな……」

決してプラスに切り替わっては終わらない。

それどころか、もしあなたに「あんなことで悩むなんて！」という不満の気持ちが起こっていたら、こちらの潜在意識だってマイナスにふれてきます。

相手のマイナス感情をプラスに切り替えるには、まず相手を受け入れることから始めなければならないのです。

潜在意識を最高に活性化する言葉「ありがとう」

潜在意識を活性化するポジティブな言葉は数多くありますが、その中でも最も効果的な言葉といえば、やはり次の5文字になるでしょう。

「ありがとう」

言うまでもなく、感謝の言葉ですね。

この言葉を言うとき、心がポジティブな状態になっていることは間違いないでしょう。

なにせ、あなたは誰かに何かをしてもらい、感謝の感情を持ったから「ありがとう」と言っているわけです。

それがどんなに些細なことであったとしても、「ありがとう」と言うときに不満の感情を抱いていることは通常ありません。

それに加えて、「ありがとう」と言われる側だったときはどうでしょう？

やはり「嬉しい」のではありませんか？

言った側にも言われた側にも、喜びや感動の気持ちを引き起こす言葉。

1日にどれくらい「ありがとう」と言うかで、潜在意識のパワーに差がついてくると言ってもいいくらいです。

実際、お客さんに「ありがとう」と言われたことをきっかけにして、営業の仕事をがんばるようになったという方は大勢います。

私たちのような医師の世界でも、やはり患者さんに感謝されたときは、いちばんの感動を覚える瞬間です。だからこそ、この仕事をもっともっとがんばりたいと思う。

そんなとき、表の顕在意識以上に、潜在意識は強く反応しているのです。

だから「ありがとう」と言われて嬉しかった人は、再びそう言われるような体験を味わおうと、潜在意識が活発に動き出します。

「ありがとう」と言って嬉しかった人は、再び誰かに「ありがとう」と言える行為をしてもらえる人間になろうと、やはり潜在意識が活発に動き出します。

結果、仕事がどんどん成長していったり、周りの人に信頼され、いつも助けてもらえるような人間になっていくわけです。「そうなりたい」と願わない人はいないでしょう。

ですから大切なのは、ことあるごとに「ありがとう」を言うこと。

ときどき、「自分は人に対してあまり感謝の気持ちが持てないから、ありがとうと言うことを怠ってしまう」と言う人がいます。

でも、これは考え方が逆で、まず何かをしてもらったら、「ありがとう」と条件反射的に言うことを続ければいいのです。

つまり、感謝の気持ちがあるなしに限らず、なんでも「ありがとう」と言えばいい。**言えば結局、感謝の気持ちは、あとからついてくるのです。潜在意識もそれにつられて、動き出す。「言葉が先にありき」で考えればいいのです。**

買い物をしてレジ計算をしてもらったとき、急いで歩いていて道を空けてもらったとき、メールをもらったときに、電話をもらったとき……と、じつは「ありがとう」を言える機会は1日に何度もあります。

奥さんがご飯をつくってくれた、部下がコピーをとってくれた、上司が書類の添削をしてくれた……。みんなそれらを「当たり前のこと」と思っているから、「ありがとう」が出てきません。

「ありがとう」とは、「有り難う」で、本来は「貴重だ」とか「珍しい」という意味です。この広い世界の中で、「その人がたまたまそこにいて、あなたに何かをしてくれる」ということ自体が、実際は奇跡に近いことです。

朝起きて、新しい日を始められることだって、大勢が命を失っている世界から見れば、当たり前のことではありません。

だとしたら、朝起きたらすぐ、太陽に感謝する。活発にはたらいている身体に感謝する。そして潜在意識に感謝する……と。1人でも「ありがとう」と言ってみればいいのです。

誰に対して、何に対してでも、「ありがとう」と言えば言うほど、潜在意識は活性化します。これほど簡単な潜在意識の強化法は、ほかにないかもしれませんね。

言葉は本から、いくらでも吸収できる

そのほか言葉というのは、学べば学ぶほどバリエーションが増えるし、使えば使うほど洗練されていくものです。

だから本をちゃんと読み、また日常会話に使ったり、文章に書くことによって「自分のもの」にしていくことが大切でしょう。

すなわち「インプット」と「アウトプット」を欠かしてはいけません。

私がそもそも本書を書く機会を与えられているのも、それだけの勉強をしてきたから。講演ができるのも、たくさんの書物を読んできたからです。

よく私は、「話が上手」とか、「人に伝えるのがわかりやすい」と言われるのですが、別にそんな才能があるわけではありません。

「そういう人になりたい」と潜在意識に目標を入力してから、あとはひたすら「知識の貯蔵庫」を強化してきたのです。

だから「今回のテーマをわかりやすく伝えるには、あそこで勉強した知識が使えるな」「あの本の一節を使えば、この人に響くかもしれない」と、すぐにひらめきます。

人間関係においてもこれは同じで、本業の歯医者の仕事から自己啓発のことまで、いろんな人にいろんなことを相談されますが、すべてに対応できるのは、やはりそれだけの知識をインプットしてきたからなのです。

別に人間関係の達人だったわけではないし、特別なオーラを持っているわけではありません。

「引き寄せの法則」のようなものに頼る人は、案外とその辺を、自分のエネルギーに頼る傾向があります。

つまり、ポジティブなエネルギーを振りまいておけば、いい出会いが引き寄せられてやってくるのではないか……と。

確かに明るい雰囲気を持っていれば、嫌われることはないかもしれない。

でも、あなたが何を考え、何ができ、何を望んでいるかがわからなければ、通常であればやはり興味は持たれないのです。

だから最低限、自分の望んでいることに関して勉強し、それを表現できるだけの言語力を磨いていかなければなりません。

現代はとくに、ＳＮＳなどに代表される自己発信の時代になっています。

そんな中で、ただ「嬉しい」とか「楽しい」といったことを書いていれば、皆が引きつけられるというわけではないのです。

自分が望んでいることや考え方を、他人が興味を持つ形で、わかりやすく伝えられたほうがうまくいく可能性が高いことは明らかでしょう。

そのためには、何より本を読むことが一番と、私は思っています。

では何を読めばいいか？

それこそ「知識の貯蔵庫」に任せればいいのです。

願望が潜在意識にきちんとセットされていたら、あとは書店に行ってみるだけ。気になる本をちゃんと「知識の貯蔵庫」がレーダーのようにキャッチしてくれます。

本を読んだら、どんな感想を持ったかを、ブログでもフェイスブックでもツイッターでも、とにかく紹介してみる。

それを「面白い」と思った人は、あなたに興味を持ってくれるでしょう。

こうした行動から、望みどおりの人間関係は広がっていくのです。

億劫に感じるかもしれませんが、動き出せば自然とあなたは「そうしたい」という気持ちになっていくはずです。

「人を通して学べること」は限りない

もちろん本だけでなく、実際に人と会って、話を聞くことでインプットし、話をすることでアウトプットすることも大切です。間違いなく潜在意識を活性化するための言語力は、コミュニケーションを通して大きく飛躍していくでしょう。

人から学ぶことで大事なのは、前章でも述べたように、自分と違う価値観を持った人や、自分と違う世界で生きている人の話を聞くこと。

いつもと同じ人間関係で、いつもと同じような会話を、慣れ親しんだ言葉を使って続けたところで、あまり進歩はありません。

ビジネスパーソンの方であれば、違う業界の人と話したり、フリーで働いている人と話してみる。あるいは、ずっと歳上の人や、ずっと歳下の人と話してみる。異性はもちろんですが、国籍の違う人や、学生だったり、あるいはお年寄りの方とも話してみる。

当然、会社と家を往復する毎日では、そんなコミュニケーションの機会は訪れません。異業種交流会でも、セミナーや勉強会でも、あるいは地域のコミュニティやサークルでも、興味のある場があれば、積極的に足を運んでみるべきでしょう。

結局、人の言葉は、その人がかかわっている人間関係に影響するのです。

たとえば地方に住んでいる方には、ふだんは方言で話している方もいるでしょう。日常で会う人が皆その方言で話しているから、なにもそれで苦労はしません。

ところがそんな人でも、東京に出て1年もすれば、会話がすっかり標準語になってしまいます。別に方言が悪いわけではありませんが、世界が広がれば、それだけ私たちはたくさんの言葉にふれ、たくさんの思考でものをとらえられるようになるのです。

方言であれば、もちろん何の害もありません。

でも、たとえば夜のお店ではたらいている人には、男性が何かをいえば「口説くつもりだな」とか「だましているんだな」と、すでに疑いをもってしか言葉を聞けなくなっている方もいるわけです。このままでは幸福が訪れる可能性も、きわめて薄くなってしまうでしょう。

実際、そんな方でも広い世界を知れば、「こういう男性もいるんだな」と自分の価値観を変えていくことができます。

それは、あらゆることにおいて同じなのです。

たとえば「本当にかなえたい願望が見つからない」という人も、交遊関係を広げ、さまざまなことを実現している人を見れば、「自分もこんなことをしてみたい」と夢を広げられることは大いにあります。

違う価値観の人と話すのは、最初は勇気がいるかもしれない。しかし述べたように、「自分を売ろう」とか「自己アピールしよう」と考えるからおかしくなるのです。

「好かれよう」でなく、最初から「学ばせてもらおう」と、話を聞く姿勢で臨めば、難しいことでもなんでもありません。もっとフットワークを軽くし、「知識の貯蔵庫」にいっぱいの蔵書を入れる気持ちで行動を起こしていきましょう。

最後の次章では、潜在意識をさらに進化させる具体的な行動について述べていきます。

Column

自分を変えるパワーアファメーション

筆者が日常で活用している、潜在意識を高レベルに保つための言葉です。ぜひ毎日、口にするようにしてみてください。

1

「私は、人に夢や幸せを与えるパワーがある」

2

「神様は私に無限の富と健康と精神的豊かさを与えてくれる」

3

「私の人生を邪魔するものは何もありません」

4

「私のパワーは尽きることなく、いつもあふれ出てきます」

Chapter

6

潜在意識を使いこなして、理想の自分になるには？

好奇心は「潜在意識」のエネルギー源

前章では最後に、自分の世界を広げることの重要性についてふれました。

その意味で大切なのは、「好奇心」ではないかと私は思います。

あらゆることに興味をもって、いろんなことにワクワクしていく。決めた目標とか、描いた夢にとらわれず、面白いことがあれば、何にでも首を突っ込んでいく……。

それは決して、自分の願望を置き去りにすることではありません。

これも願望なら、あちらも願望。これも目標だけど、こっちも目標にしたい。

そうやって、面白いことや楽しいことをどんどん増やしていったほうが、潜在意識は活性化しやすいのです。

結果的には自分の本当の願望もかないやすいし、何より毎日の幸福度が増していきます。

とくに自己啓発に傾倒する人には、「こうしなければならない」と、頭でっかちに自分の方針を決めてしまうところがあります。

たとえば、まず目標を決めて、そこから逆算して……と。

それはそれで間違いではないのですが、多くの自己啓発理論は、この決めた目標よりももっと面白い目標を思いついた場合のことを想定していません。

大切なことは決めた目標を達成することでなく、あなた自身が幸せになることなのです。だとしたら優先順位は、あなたがいま、いちばん望んでいることで間違いないはずです。

潜在意識に限界はないし、あなたが実現できることにも限界はない。

だとしたらもっと柔軟に、あらゆる欲望に対して、欲張りになってみてもいいのではないでしょうか?

自己啓発の理論というのも、1つの考え方です。

世には多くの啓発書があり、なかにはスピリチュアルなものもあれば、科学的なものもある。研究者の立場で語る本もあれば、実体験として語っているものもある。

どれをとっても、決して間違ったことは言っていないと私は思います。

だからもし、あなたが「願望をかなえたい」とか「うまくいきたい」と願うのであれば、面白そうなものに片っ端から手をつけてみればいいのです。

井上裕之ばかりでなく、この人の本も読んでみようかな……で、まったく構わないと思います。

そのうえで、どれか1つを選ぶのでなく、あなたは「この本のこのやり方に、このやり方もミックスしてみよう」などと、自分がいちばん楽しくできそうな方法をアレンジすればいいのです。

実際に幸せを手にするのが早いのは、こうした「いい意味のいいかげんさ」を持っている人なのです。

できれば1日1つ、「新しいこと」にチャレンジする

好奇心は、最初から「何かを見つけるぞ」という意欲を持っていないと、なかなか潜在意識から発散されないものです。

まだ小学校に入る前くらいの子どもは、見たことのないものがあれば、とにかく「あれは何？」「これは何？」と聞きまくり、ときどき親を辟易《へきえき》させます。お子さんがいらっしゃる方であれば、ほとほと困り果てた経験があるかもしれませんが、やはり自分が子どものころだって同じだったはずです。

目に映るすべてのものが、好奇心の対象だった。それは自分の知らないものをいち早く

理解して、早くこの世界に適合したいと潜在意識が望むからです。

つまり、「成長したい」という意欲が高いほど、人はあらゆるものに好奇心をうながされるのです。これは「知識の貯蔵庫」の機能だと言っていいでしょう。

大人になった私たちは「あれは何？　これは何？」と聞きまくったころからは、はるかに成長し、世界のあらゆることを理解するようになっています。

でも、すべてのことを理解しているかといえば、そんなことはありませんよね？

あなたが何歳だとしても、まだ知らないこと、まだ体験していないことが、世の中には山ほどあるはずです。なのに、それらを「知りたい」とか「体験したい」と思わないのは、そもそもの「成長したい」という意欲が欠けてしまっているからなのです。

子どものころにあった好奇心をできるだけ取り戻さないと、これから何を望むとしても、自分を成長させてそれを手に入れる前に、「別にいいや」というあきらめの感情が起こってしまうかもしれません。

好奇心を呼び起こすには、とにかく何でもいいから、「興味のわく、新しいこと」を探してみることです。

たとえば書店に行ったら、文学でも科学でも歴史でも、なんでもいいから自分がいままで知らなかったテーマの本を読んでみる。読んだことのない作家の本でもいいし、「話題になっている」ということだけで選んでみてもいいでしょう。

面白そうな勉強会があれば、知識がなくても参加してみる。ヨガでもサーフィンでも、ボルダリングでも、やったことのないスポーツに挑戦してみる。行ったことのない場所に行ってみたり、入ったことのないレストランで食事をしてみる……。

家の周りであっても、歩いたことのない路地や、入ったことのないお店というのはたくさんあるでしょう。

考えてみれば、「いままでやっていない新しいこと」はいくらでもあるのです。

人によっては、1日に1つは「人生でやっていなかった新しいこと」にチャレンジする、という人もいます。また1年の終わりには、「今年、初体験したいちばん感動的なこと」を振り返ってみるという人もいます。

そんなふうにして好奇心を衰えさせなければ、いつまでも潜在意識は、子どものような成長意欲をもって活動を続けるのです。

思ったことは、すぐ実行する

何か新しいことをする場合、大切なのは、思いついたら即実行に移すことでしょう。

というのも、時間が経てば経つほど、人というのは「面倒くさい」とか「やっても意味がないしなあ」などと否定の感情が出てくるからです。

せっかく動き始めた潜在意識にも、すぐにそれでブレーキがかかってしまいます。

思いついた瞬間というのは、潜在意識の成長意欲がＭＡＸの状態になっているのです。行動を起こすのであれば、そのタイミングこそ絶好の機会なのは間違いないでしょう。

たとえば道を歩いていて、「あのお店、面白そうだな」と思ったら、迷わずに入ればいい。

本屋さんで、「この本、面白そうだな」と思えば、躊躇なく購入してみればいい。

これらは極めて簡単にできることです。

逆に「今度、入ってみよう」とか「今度、購入しよう」と決めて、それっきり忘れてしまったということは、誰しも身に味わっているのではないかと思います。

「旅行に行こう」とか「新しい趣味を始めよう」といった大きなことになると、そう簡単にはいきません。すぐにフラっと出かけられるような立場にある人ならともかく、やはり日常の生活を阻害することになってしまいますね。

でも、「情報収集」であれば、いますぐにでもできることです。

たとえば「釣りを始めてみよう」と思ったら、「初心者が何から始めたらいいか？」という情報を、とりあえずネットで検索してみる。

それでたとえば「鮒《ふな》釣りがいい」ということであれば、必要なものを調べ、近くに釣具店がないか検索してみる。それで、「ここなら会社の帰り道に寄れるな」なんていう場所の目処をつけたら、手帳などに書き込んでしまえばいいのです。

あとはアマゾンなどで「鮒釣り入門」といった本を見つけ、とりあえず購入してみる……。

これだけでもう「動き出す」ことは、確実にできていくわけです。

情報収集しているうちに潜在意識にはワクワク感が溜まっていきますから、「面倒くさい」という気持ちにはなりにくくなります。

あとは何より、「人を巻き込んでしまう」ということでしょう。

いちばんいいのは、ＳＮＳを使うこと。

「釣りを始めたいと思います！」

「とりあえず鮒釣りに行きたいと思っていますが、一緒に行きたい方はいますか？　経験者大歓迎です！」

などと、フェイスブックやツイッターに投稿しておけば、「じゃあ教えるよ」なんていう人が現れるかもしれません。万一、誰も反応しなかったとしても、「宣言したこと」で、やはり動きは加速するわけです。

「釣れたら、写真をアップしますね」と言っておけば、周りの期待感も高まりますから、そこから新しい何かが始まっていくかもしれません。

すすんで常識を突破しよう！

新しいことにどんどんチャレンジできるようになれば、あなたは大きく変わっていきます。潜在意識にある成長意欲に火がつき、人生は変化の連続になっていきます。

少なくとも、「願望が見つからない」などという状態は起こらなくなるでしょう。

やりたいことがたくさんあり、それを求めるために自分を成長させることが楽しくてしょうがなくなる……。人生の最期まで幸福を満喫できる人とは、そんな人ではないかと私は思うのです。

少し大局的な話をすると、「気」という字と、「氣」という字があります。

現代において後者のほうの「氣」という字を使うのは、多くはスピリチュアルな話で生命エネルギーのことを言うときくらいでしょう。

ただ、かつては基本的に「氣」という字を使っていました。

その理由は「お米」を食べて体内に蓄積したエネルギーを、私たちがつねに発散させるようにするからです。

エネルギーが存在するかの話は別として、「新しいことにチャレンジしよう」「願望を実現しよう」という前向きな考え方が、この「氣」という言葉には反映されていました。

けれども現代はそれを、「気」という字で代用しています。

「米」に置き換えられたのは「〆」という意味合いの字です。つまり「しめる」ということで、体の中の「気」が出ないようにする意味。

それに呼応するように、現代は画一的な教育がおこなわれ、画一的な価値観が蔓延《まんえん》するようになっています。「成功とはこういうものだ」「幸福とはこういうものだ」と、私たちは願望の形まで、自分では描けなくなってしまいました。

だから私たちは、「願望をかなえる」のが苦手だし、「夢を実現する」のが苦手になっているのです。

本当に望むものか何かもわからないのに、いくら「引き寄せよう」とエネルギーを発散させようとしても、うまくいくわけがありません。

だからこそ、あなたは好奇心で潜在意識を活性化し、すすんでこれまでの常識を突破してほしいのです。

あらゆる思い込みや、あらゆる過去に身につけた知識を突破して、もっと自分がいままで体験しなかったことや、いままで考えもしなかった未来へ向けて飛び出してみましょう。

そのほうがずっと楽しいし、ずっと大きな可能性をつかむことができるのです。

そうしてほしいからこそ、あえて本書では「引き寄せの法則」を否定してまでも、潜在意識に火をつける方法にこだわってきました。

その意図も、すでによく理解していただけたのではないでしょうか。

「お金に対する常識」を打ち破る

とくに現代において常識を変える必要があるのは、お金についての考え方でしょう。

「お金で幸せは買えない」「シンプルライフがいちばん」ということで、とくに最近は物質的なものに価値を求めない傾向が世に蔓延しています。

「お金持ちになりたい」ということを堂々と言う人も少なくなったし、購買欲も全般的に落ちてきている。昔と違って、いまの若者は車なども欲しがりません。

もちろん、お金で幸せを買えないというのは事実でしょう。

しかし、お金があればあるだけ、幸福の可能性を広げられることは確かです。

世の中にそれだけ貢献することもできれば、家族にもたくさんのチャンスを与えられる。行ったことのない場所へ行く機会、見たことのないものを見る機会、体験したことのないことを体験する機会が、持てる富の量にしたがって増えていくことは確実なのです。

お金がなくても、もちろん人は幸せになれます。

だからといって、「お金で手に入るものをあきらめた幸福」を願うのであれば、それは単に、成長を放棄するだけの話になってしまうのではないでしょうか。

そもそもあなたは、自分の収入が10倍になった世界とか、年収が億を超えた世界というのを、想像することができるでしょうか？

世には欠乏感からお金を求める人もいますが、そうでない限り、いまの日本ではほとんど生活に苦労することはありません。

食べ物は安価でいくらでも買えるし、スマホ1つでもあれば、無料で楽しめる娯楽に溢れています。だから「もっと満たされた生活をしたい」という願望は、なかなか本気で持つことができない。

よって潜在意識は活動しないし、「知識の貯蔵庫」も、自分の収入をもっと高めるための情報を感知しないし、その方法を模索もしないのです。

たとえばかつて私のセミナーで、質問を受けたことがあります。

「自分の仕事の収入を、せめて3倍にはしたい。でも薄給の仕事だから、そんなに簡単にはできない……」という質問でした。

聞くと、仕事はトラックのドライバーだとのこと。

確かに大変な仕事ではあるのでしょうが、「ムリだ」などということはありません。

運転だけで3倍はムリなら、サイドビジネスは何かないか？

運転で時間がないときでも、できることはないか？

「自分は運転しかとりえがないし……」

でも、日本中の道路を走り回り、一般の人が知りえない経験を数多くしているのです。

それを活かすことは、いくらでも考えられるでしょう。

ようするに「自分の仕事では収入が上がらない」という、過去の常識が潜在意識にブロ

ックをかけているだけなのです。

その常識も、いままで自分が見知ってきた過去の体験がつくりあげた幻想に過ぎません。

そんな常識は、簡単に突破できるのです。

たとえばトラックのドライバーの例であれば、実際に探してみれば、その収入の3倍以上の額を稼いでいる人は大勢いるでしょう。その人が何をしているかを調べれば、いままでの常識はすぐ覆されてしまいます。

どんな仕事であっても、このことは変わりません。

自分自身が見聞きしてきただけの狭い経験の世界から飛び出し、もっと広い世界を知ってみるのです。

そうすれば、「いまのままで十分だ」などと、停滞を「よし」としていられるわけがない。

強い願望が心の底からわきあがってくるはずです。

大富豪たちが最もお金を投資する2つのこと

とくに日本には、お金を稼ぐことに対して、ネガティブな感覚を持つ文化があります。それは武士の時代から、質素が美徳とされてきたことが大きいのかもしれません。

でも、高級ブランド品を買ったり、豪奢《ごうしゃ》な生活をすることばかりが、お金の使い道ではありません。

世界中の本当の意味での大富豪が、いったい何にお金をいちばん使っているか。あなたは想像できるでしょうか？

それは目に見えるものではありません。

「健康」と「教育」なのです。

この2つにおいて最高のものが手に入るならば、「お金があるに越したことはない」と誰でも考えるでしょう。

実際、質素な生活をつねとしていたスティーブ・ジョブズも、最期には「健康がいちばん大切だ」と述べていました。

ジョブズを批判するわけではないのですが、お金に価値をおかない人は、健康に対する出費も軽視することがあります。

歯科医師をやっていれば、よくわかります。

少々の投資をしてでも、丈夫な歯を維持している人。

ケチって不健康な歯の状態を、そのままにしてしまう人。

長い人生の中で、どれだけ美味しいものを食べられるか……と考えたときに、両者では幸福度で雲泥の差がついてしまうのです。

教育についても同様でしょう。

お金持ちの人ほど、本当によく勉強をしているものです。

実際、高額のセミナーに参加すると「もう、それ以上、自分を成長させなくていいだろう」と思ってしまうような成功者たちによく出会います。

でも、彼らの知識欲は、止まるところを知らない。

それは何より、「自分をもっとレベルの高い存在にしたい」という意欲が高いのです。

本書をお読みの方は「自分を変えたい」と思っているかもしれませんが、「こんなふうに変わりたい」というモデルになるような人たちのほうが、実際はいまでも自分を変えるための努力を続けています。

つまり、「変わりたい」という意欲が潜在意識の中にしっかりセットされているから、放っておいても勉強に投資を続けるようになってしまうのです。

そして学んだことをしっかり吸収し、ますます自分のレベルを上げ、経済的にももっと豊かになって、そのぶんをさらなる勉強に回す……と。

そうして成功者は、どんどんそのレベルを高めていくのです。

こうした世界を知らなければ、誰しも「そうなりたい」とは思いません。

知れば知るほど、「自分もその一員になりたい」と思います。

世には「いまのままでいいじゃないか」と、現状満足を説く教えはいくらでもあります。

でも、それを受け入れた時点で、あなたは常識の向こうにある、もっと自分がワクワクできる世界を知らないで終わってしまうのです。


だからこそ「いままでの常識」は、排除してしまいましょう。

もっともっと、「変わりたい」という意欲を強く持ちましょう。

それこそ「自分を変える」ための、最も近道となる手段なのです。

Column

自分を変えるパワーアファメーション

筆者が日常で活用している、潜在意識を高レベルに保つための言葉です。ぜひ毎日、口にするようにしてみてください。

1

「奇跡は私のまわりで、どんどん起こってくる」

2

「私は、失敗は成功の元だと知っているので、失敗を恐れません」

3

「私は成功するまでねばり強くやり、決してあきらめません」

4

「私はいつも最高レベルで自分自身を表現することができる」

エピローグ

あなたは必ず「変わる」ことができる

最後までお読みいただき、ありがとうございました。

本書で繰り返し語ってきたように、自分を変えたいなら、潜在意識に新しいものを加えなければなりません。それには自分の世界を踏み出し、常識の枠を越えて、知らなかった情報を潜在意識にインプットしていくしかない。

潜在意識内の情報が変われば、あなたが描ける未来のイメージも変わる。あなたが描ける、自分の理想像も変わる。そして、人は新しい自分に変われるのです。

強力な潜在意識の力は誰にも備わっているものであり、あなたにも備わっています。

その力は私もあなたも変わらないし、巨万の富を築いた大成功者だろうが、しがないビジネスパーソンだろうが、まったく変わらないものです。

ただ違うのは、いままで経験したことや、いままで学んできた知識だけです。それがあなたと大成功者を、唯一、隔てているものでしょう。

だったら、それを変えてしまえばいいのです。

習慣や行動が変われば、潜在意識が変わる。潜在意識が変われば、あなた自身が変わる。あなた自身が変われば、素晴らしいことが次々と起こってきます。

あなたには絶対できるはず。

ぜひとも新しい未来へ向かって、自分を動かしていってください。

井上裕之

著者プロフィール
井上裕之（いのうえ・ひろゆき）

歯学博士、経営学博士、医療法人社団いのうえ歯科医院理事長、島根大学医学部臨床教授ほか国内外5大学非常勤（客員）講師、世界初のジョセフ・マーフィー・トラスト公認グランドマスター。1963年北海道生まれ。東京歯科大学大学院修了後、「医師として世界レベルの医療を提供したい」という思いのもと、ニューヨーク大学をはじめペンシルベニア大学、イエテボリ大学などで研鑽を積み、故郷の帯広で開業。その技術は国内外から高く評価されている。報道番組「未来世紀ジパング」にて、最新医療・スピード治療に全国から患者殺到ということで取り上げられる。また本業の傍ら、世界中の自己啓発や、経営プログラム、能力開発を徹底的に学び、ジョセフ・マーフィー博士の「潜在意識」と、経営学の権威ピーター・ドラッカー博士の「ミッション」を統合させた成功哲学を提唱。「価値ある生き方」を伝える講演家として全国を飛び回っている。著書は累計発行部数120万部を突破。実話から生まれたデビュー作『自分で奇跡を起こす方法』（フォレスト出版）は、テレビ番組「奇跡体験! アンビリバボー」で紹介され、大きな反響を呼ぶ。『なぜかすべてうまくいく1%の人だけが実行している45の習慣』（PHP研究所）、『「学び」を「お金」に変える技術』（かんき出版）、『がんばり屋さんのための、心の整理術』（サンクチュアリ出版）、『潜在意識を使いこなす人 ムダにする人』（フォレスト出版）、『なぜ、あの人の仕事はいつも早く終わるのか?』（きずな出版）など、ベストセラー多数。

「変われない自分」を一瞬で変える本
いちばんカンタンな潜在意識のあやつり方

2018年8月1日 第1刷発行
2019年11月25日 第8刷発行

著　者　井上裕之

発行人　櫻井秀勲
発行所　きずな出版
東京都新宿区白銀町1-13　〒162-0816
電話03-3260-0391　振替00160-2-633551
http://www.kizuna-pub.jp/

協力　中川賀央
ブックデザイン　池上幸一
印刷・製本　モリモト印刷

ISBN978-4-86663-043-4

きずな出版